Os 8
pilares da
prosperidade

Você é o
que você
pensa

JA
ME
AL
I

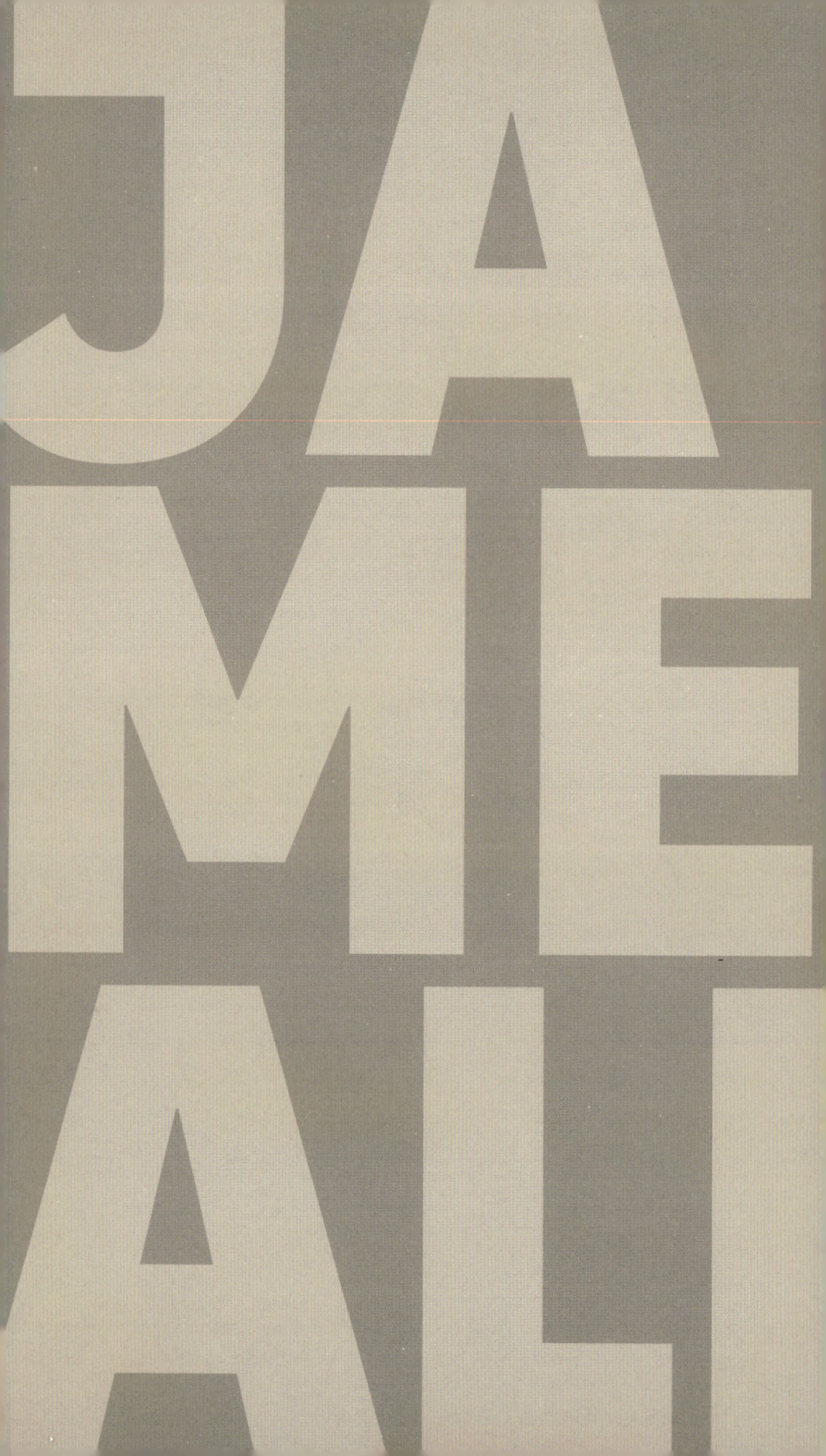

JAMES ALLEN

Os 8 pilares da prosperidade

Você é o que você pensa

TRADUÇÃO
MARIA LUIZA X. DE A. BORGES

PREFÁCIO
JACOB PETRY

AGIR

Título original: *Eight Pillars of Prosperity*; *As a Man Thinketh*

Copyright da tradução © Editora Nova Fronteira Participações S.A.

Direitos de edição da obra em língua portuguesa no Brasil adquiridos pela Agir, selo da Editora Nova Fronteira Participações S.A. Todos os direitos reservados. Nenhuma parte desta obra pode ser apropriada e estocada em sistema de banco de dados ou processo similar, em qualquer forma ou meio, seja eletrônico, de fotocópia, gravação etc., sem a permissão do detentor do copirraite.

Editora Nova Fronteira Participações S.A.
Rua Candelária, 60 — 7.º andar — Centro — 20091-020
Rio de Janeiro — RJ — Brasil
Tel.: (21) 3882-8200

Dados Internacionais de Catalogação na Publicação (CIP)

A425o Allen, James
    Os 8 pilares da prosperidade & Você é o que você pensa/ James Allen; tradução de Maria Luiza X. de A. Borges; prefácio de Jacob Petry. – 1. ed. – Rio de Janeiro: Agir, 2023.
    (Biblioteca da Prosperidade)
    224 p.; 13,5 x 20,8cm

    Título original: *Eight Pillars of Prosperity*; *As a Man Thinketh*

    ISBN: 978-65-5837-143-4

    1. Desenvolvimento pessoal. I.Borges, Maria Luiza X. de A. II. Título.

CDD: 152
CDU: 159.9

André Queiroz – CRB-4/2242

Conheça outros livros da editora:

SUMÁRIO

PREFÁCIO POR JACOB PETRY, 6

OS 8 PILARES DA PROSPERIDADE, 13

INTRODUÇÃO DO AUTOR, 14
1. OITO PILARES, 16
2. PRIMEIRO PILAR – ENERGIA, 30
3. SEGUNDO PILAR – ECONOMIA, 46
4. TERCEIRO PILAR – INTEGRIDADE, 68
5. QUARTO PILAR – SISTEMA, 82
6. QUINTO PILAR – COMPAIXÃO, 98
7. SEXTO PILAR – SINCERIDADE, 116
8. SÉTIMO PILAR – IMPARCIALIDADE, 130
9. OITAVO PILAR – AUTOCONFIANÇA, 148
10. O TEMPLO DA PROSPERIDADE, 164

VOCÊ É O QUE VOCÊ PENSA, 177

INTRODUÇÃO DO AUTOR, 180
PENSAMENTO E CARÁTER, 183
EFEITO DO PENSAMENTO E DAS CIRCUNSTÂNCIAS, 187
O EFEITO DO PENSAMENTO SOBRE A SAÚDE E O CORPO, 201
PENSAMENTO E PROPÓSITO, 205
O FATOR PENSAMENTO NA REALIZAÇÃO, 209
VISÕES E IDEAIS, 214
SERENIDADE, 220

PREFÁCIO

Não importa quão desesperadora a situação e o mundo de uma pessoa aparentem ser; não importa a profundidade do desespero e o quanto imagine estar perdida, ela pode, quase como num passe de mágica, mudar sua condição.

A ideia de que isso é possível me veio, pela primeira vez, décadas atrás, através de um livro. Já morava nos Estados Unidos. Certo dia, um colega de trabalho disse que estava se mudando para Londres e que estava pensando em doar algumas caixas de livros. Como ele sabia do meu amor por livros, perguntou se eu queria passar no apartamento dele e ver se me interessava por algum.

Eram duas caixas de livros antigos. Mesmo assim, acabei pegando-os. Um deles, em especial, me chamou a atenção. Intitulava-se *As a Man Thinketh* (*Você é o que você pensa*), escrito em 1903, por um autor inglês, James Allen.

Nos dias seguintes, comecei a ler essa obra. Ela falava sobre alinhamento com a dimensão espiritual da vida. Entre outras ideias, defendia a possibilidade de mudar nossa maneira de pensar e, com isso, mudar a forma como experimentamos nossa realidade e, através disso, transformar nossa condição de vida.

Isso foi tão revolucionário que eu não podia acreditar no que estava lendo. Já havia lido tantos livros e nunca nenhum deles apresentou-me essa ideia de forma tão direta, clara e objetiva. Era algo tão novo, tão simples, tão inacreditavelmente poderoso e, mesmo assim, uma verdade inquestionável.

Estranhamente, durante a leitura do texto, foi a primeira vez que comecei a observar meu pensamento. Eu não apenas pensava, mas também refletia sobre o que pensava e, assim, reconhecia meu próprio pensamento, em vez de ficar totalmente preso e perdido nele. Por meio desse processo, percebi que já estava preso em ideias negativas havia muitos anos.

O autor dizia que todo pensamento ou qualquer imagem mental, quando pensada ou imaginada com intensidade suficiente, poderia ser materializada em nossa realidade. Em todo ser humano, esse poder existia em potencial. Entregar-se à ansiedade ou à irritação significava abrir-se para os fluxos de pensamento de todo ser humano ansioso e irritado à sua volta, portanto, pavimentando o caminho para fluxos de energia prejudiciais e destrutivos, e assim por diante.

Eu percebia, enquanto lia, que de certa forma, eu fazia isso. Nutria pensamentos sobre mim que eram muito negativos. Toda vez que acontecia algum imprevisto que não era bom, pensava: "É claro que algo ruim sempre tem que acontecer comigo!" Nas minhas conversas solitárias, frequentemente me depreciava.

Com esse livro, comecei a tomar consciência desse comportamento e a mudá-lo. Logo, também passei a mudar meus humores e emoções que acompanhavam tais pensamentos.

A tese é simples e lógica: existe uma relação entre nosso estado de consciência, nossos pensamentos e nossas circunstâncias externas. E se isso é verdade, podemos alterar as situações externas mudando nosso estado de consciência ou pensamentos.

É claro que nem todas as pessoas acreditam nisso. Muitas acham que essa ideia não faz qualquer sentido. Elas objetam que simplesmente pensar em algo não fará com que isso se torne realidade. E é óbvio que a ideia não é tão simples assim. O fato de existir uma relação entre nosso estado de consciência interior e nossa realidade externa não significa que simplesmente ao pensar em algo você vai criar isso na sua realidade.

Mas existe, sem dúvida, uma relação entre o nosso estado de consciência predominante, o nosso pensamento e aquilo que experimentamos como nossa realidade externa.

Somos dotados de percepções sensoriais. E estas são a substância primária da nossa realidade. Uma vez que percebemos algo à nossa volta, temos um conjunto de filtros que interpreta e rotula aquilo que percebemos. O tipo de filtros que temos depende de como nossa mente foi condicionada a pensar, avaliar e julgar nossas percepções. Essa interpretação determina como respondemos e reagimos ao que acontece à nossa volta. A partir disso, já podemos ver que há uma relação entre aquilo que pensamos e aquilo que chamamos de realidade.

Sendo assim, as situações que experimentamos no dia a dia não são determinadas tanto por aquilo que nos acontece, mas, muito mais, pelo modo como interpretamos, reagimos e respondemos a elas.

Nossas reações, obviamente, terão consequências e repercussões futuras, porque elas criam eventos aos quais reagiremos novamente, criando assim, dentro das infinitas possibilidades de caminhos que a vida oferece, um rumo totalmente alinhado com aquilo que pensamos.

Nesse sentido, outra obra de Allen que me marcou foi *Os 8 pilares da prosperidade*. Nesse texto, o autor revela as virtudes morais que devemos desenvolver para alcançar o sucesso duradouro, tanto na vida pessoal quanto na profissional.

Juntas, estas duas obras profundas, mas, ao mesmo tempo, simples de compreender e fáceis de aplicar, nos oferecem uma verdadeira fonte de inspiração para uma mudança em nossas vidas.

Boa leitura!

Jacob Petry
Princeton – Nova Jersey
Inverno de 2023

JAMEALI

Os 8 pilares da prosperidade

INTRODUÇÃO

Em geral, supõe-se que só se alcançará maior prosperidade para os indivíduos ou para uma nação por meio de uma reconstrução política e social. O que não pode ser verdadeiro se alheio à prática das virtudes morais pelos indivíduos que constituem uma nação. Leis e condições sociais melhores serão sempre resultado de uma consecução mais elevada da moralidade entre os indivíduos de uma comunidade, ao passo que nenhum decreto legal é capaz de oferecer prosperidade nem de evitar a ruína de um homem ou nação que se tornaram negligentes e decadentes na procura e na prática da virtude.

As virtudes morais são o fundamento e a sustentação da prosperidade, assim como são a alma da grandeza. Elas duram para sempre, e são o alicerce de toda obra duradoura. Sem elas não há nem força, nem estabilidade, nem realidade substancial, apenas sonhos efêmeros. Encontrar princípios morais é ter encontrado prosperidade, grandeza, verdade, e é, portanto, ser forte, corajoso, alegre e livre.

James Allen
"Bryngoleu",
Ilfracombe,
Inglaterra

OITO PILARES

A prosperidade repousa sobre um fundamento moral. Supõe-se, em geral, que ela repousa sobre um fundamento imoral — isto é, malandragem, trapaça, fraude e cobiça. É comum escutarmos até de pessoas que sob determinados aspectos são consideradas inteligentes que "Ninguém pode ter sucesso nos negócios a menos que seja desonesto", encarando assim a prosperidade comercial (uma coisa boa) como o efeito da desonestidade (uma coisa má). Trata-se de uma declaração superficial e irrefletida, que revela total desconhecimento da causalidade moral, bem como uma compreensão muito limitada dos fatos da vida. É como se devêssemos semear meimendro e colher espinafre, ou erguer uma casa de alvenaria num pântano — coisas impossíveis na ordem natural da causação, e que, portanto, não devem ser tentadas. A ordem espiritual ou moral da causação não é diferente em princípio, somente em natureza. A mesma lei prevalece em coisas invisíveis, como pensamentos e atos, e nas visíveis, como os fenômenos naturais. Observamos os processos nos objetos naturais e agimos em conformidade com eles; não vemos, porém, os processos espirituais, então imaginamos que eles não prevalecem, e por isso não agimos em harmonia com eles.

No entanto, os processos espirituais são tão simples, justos e seguros quanto os naturais. Trata-se, de fato, de modos *naturais* manifestando-se no mundo da mente. Todas as parábolas e muitos ditos dos Grandes Mestres foram criados para ilustrar esse fato. O mundo natural é o mundo mental tornado visível. O visto é o espelho do não visto. A metade superior de um círculo não difere em nada da metade inferior, sua característica esférica é inversa. O material e o mental não são dois arcos independentes no universo, mas duas metades de um círculo completo. O natural e o espiritual não estão em eterna inimizade; na verdadeira ordem do universo, estão eternamente em harmonia. É no *antinatural* — no abuso de função e aptidão — que as divisões surgem, e a pessoa é arrancada, com repetidos sofrimentos, do círculo perfeito do qual tentou se afastar. Todo processo na matéria é também um processo na mente. Toda lei natural tem sua contrapartida espiritual.

Analise qualquer objeto natural, e, procurando corretamente, você encontrará seus processos fundamentais na esfera mental. Considere, por exemplo, a germinação de uma semente, seu crescimento em uma planta, o desenvolvimento final de uma flor e, dali, de volta à forma de semente. Isso também representa o processo mental. Pensamentos são sementes que, plantadas no solo mental, germinam e se desenvolvem até atingirem o estágio consumado, florescendo em ações boas ou más, brilhantes ou estúpidas, de acordo com sua natureza, e que por fim geram sementes de pensamento a ser semeadas em outras mentes.

Um professor é um semeador, um agricultor espiritual, ao passo que aquele que ensina a si mesmo é o sábio mestre de sua própria narrativa mental. O crescimento de um pensamento é como o crescimento de uma planta. A semente deve ser plantada no momento certo e é necessário tempo para que se desenvolva plenamente na planta do conhecimento e na flor da sabedoria.

Enquanto escrevo estas palavras, faço uma pausa, e me viro para olhar pela janela do meu escritório; lá, a cem metros de distância, está uma árvore alta no topo da qual uma gralha aventureira de uma colônia de gralhas construiu, pela primeira vez, o seu ninho. Começa a soprar um forte vento nordeste, que sacoleja com violência o topo da árvore de um lado para outro; no entanto, não há perigo algum para aquela frágil estrutura de gravetos e filamentos, e a ave mãe, sentada sobre seus ovos, não sente medo algum da tempestade. Como isso é possível? É possível porque, instintivamente, a ave construiu seu ninho em harmonia com princípios que asseguram a máxima resistência e segurança. Primeiro, em vez de um espaço entre dois galhos separados, ela escolhe uma forquilha que servirá de base para o ninho, de modo que, por maior que seja a oscilação do topo da árvore, a posição do ninho não será alterada, nem sua estrutura atingida; depois a construção se dá em um plano circular, de modo a oferecer maior resistência a qualquer pressão externa, bem como a obter a mais perfeita densidade em seu interior, em linha com sua finalidade; e assim, por mais furiosa que a tempestade possa ser, as aves permanecem em conforto e segurança. Esse é um objeto muito simples e conhecido, e, no entanto, na estrita obediência de sua estrutura à lei matemática, ele se torna, para os sábios, uma parábola de esclarecimento. E a tal ensina: somente ordenando nossas ações em conformidade com princípios estabelecidos a perfeita segurança, a perfeita estabilidade e a perfeita paz podem ser obtidas em meio à incerteza dos eventos e às turbulentas tempestades da vida.

Uma casa ou um templo construídos pelo homem é uma estrutura muito mais complexa que o ninho de uma ave, contudo é erguida de acordo com os mesmos princípios matemáticos evidenciados em toda parte na natureza. E, aqui, observamos como, no que diz respeito às coisas materiais, obedecemos a princípios universais. Não tentamos construir um prédio contrariando as proporções geométricas, porque sabemos que tal edificação não seria segura e muito provavelmente desmoronaria na primeira tempestade, isso se já não ruir durante o processo de construção. Em nossas construções materiais, obedecemos escrupulosamente aos princípios estabelecidos de círculo, quadrado e ângulo, e, auxiliados por régua, fio de prumo e compassos, erguemos uma estrutura que resistirá aos mais violentos temporais e que nos proporcionará um abrigo firme e proteção.

Tudo isso é muito simples, o leitor pode dizer. Contudo, é simples porque é verdadeiro e perfeito; tão verdadeiro que não admite a menor das concessões, tão perfeito que não é possível aperfeiçoar. Através de longa experiência, depreendemos esses princípios do mundo material e enxergamos a sabedoria de obedecer-lhes, e por isso conduzo aqui uma consideração dos princípios estabelecidos no mundo mental ou espiritual que são igualmente simples, e igualmente verdadeiros e perfeitos, mas que, apesar disso, são tão pouco compreendidos atualmente que os violamos todos os dias, ignorando sua natureza, alheios ao mal que o tempo todo infligimos a nós mesmos.

Na mente e na matéria, nos pensamentos e nas coisas, nas ações e nos processos naturais, há um fundamento fixo que, se negligenciado, seja conscientemente ou por ignorância, leva a desastre e derrota. Na verdade, é a violação ignorante dessa lei a causa da dor e da tristeza do mundo. Na matéria, essa lei é apresentada como *matemática*; na mente, ela é percebida como *moral*. Mas o matemático e o moral não são separados e opostos; são apenas dois aspectos de um todo que é uno. Os princípios estabelecidos da matemática, aos quais toda matéria está submetida, são o corpo cujo espírito é ético; ao passo que os princípios eternos da moralidade são truísmos matemáticos que operam no universo da mente. É tão impossível levar uma vida de sucesso ignorando princípios morais, quanto realizar construções bem-sucedidas ignorando princípios matemáticos. O caráter, tal e qual uma casa, só permanece firme quando construído sobre um alicerce de lei moral — e o caráter se constrói de forma lenta e laboriosa, ação por ação, pois em sua obra os tijolos são ações. Os negócios e todos os empreendimentos humanos não estão isentos da ordem eterna, e só podem se erguer com segurança pela observância de leis estabelecidas. A prosperidade, para ser estável e duradoura, deve repousar sobre um alicerce sólido de princípio moral e ser sustentada pelos pilares incorruptíveis de um caráter valoroso e do valor moral. Desastres, de um tipo ou de outro, são inevitáveis quando se tenta gerir um negócio desrespeitando princípios morais. Em qualquer comunidade, indivíduos permanentemente prósperos não são os trapaceiros e impostores, mas aqueles confiáveis e direitos. Os quacres[1] são reconhecidos como os cidadãos mais íntegros na comunidade britânica, e, embora sejam pouco numerosos, são os mais prósperos. Os jainistas[2] da Índia, similares aos quacres tanto em número quanto em caráter valoroso, são as pessoas mais prósperas em seu país.

Costumamos falar "construir uma empresa" e, de fato, uma empresa é uma construção tanto quanto uma casa de tijolos ou uma igreja de pedra, embora erguê-la seja um processo mental. A prosperidade, como uma casa, é um teto sobre nossa cabeça, nos fornecendo proteção e conforto. Um teto pressupõe um apoio, e todo apoio requer

---

[1] Membros de uma seita protestante inglesa, a Sociedade dos Amigos, fundada no século XVII. O grupo religioso prega a existência da luz interior, rejeita os sacramentos e os representantes eclesiásticos, não presta nenhum juramento e opõe-se à guerra. (N.E.)

[2] Membros da religião indiana criada no século VI a.C. a partir da ruptura com a tradição védica e o hinduísmo, fundamentada na ideia do *ainsa*, "rejeição à violência". (N.E.)

uma base. O teto da prosperidade, portanto, é apoiado pelos Oito Pilares seguintes, que estão cimentados numa base de solidez moral:

1. Energia
2. Economia
3. Integridade
4. Sistema
5. Compaixão
6. Sinceridade
7. Imparcialidade
8. Autoconfiança

Uma empresa construída sobre a prática perfeita desses princípios seria tão firme e duradoura a ponto de se tornar invencível. Nada poderia prejudicá-la; nada poderia solapar sua prosperidade; nada poderia interromper seu sucesso ou derrubá-la. Esse sucesso, porém, só seria assegurado com um crescimento contínuo enquanto ela seguisse os princípios. Por outro lado, onde esses princípios estivessem ausentes não poderia haver sucesso de nenhum tipo; não poderia sequer haver empresa, pois não existiria nada para produzir a adesão de uma parte a outra; haveria, sim, aquela falta de vida, aquela ausência da fibra e da coerência que animam e dão corpo e forma a qualquer coisa que seja. Imagine alguém com todos esses princípios ausentes de sua mente, de sua vida diária. Ainda que seu conhecimento desses princípios seja pequeno e imperfeito, você não conseguiria pensar em tal pessoa fazendo qualquer trabalho bem-sucedido. Conseguiríamos imaginá-la levando a vida confusa de um desocupado preguiçoso, mas imaginá-la como chefe de uma empresa, como a figura central de uma organização ou como um agente responsável e controlador de qualquer área da vida... Disso não seríamos capazes, pois sabemos o quanto esse cenário é impossível. O fato de que ninguém com moderada moralidade e inteligência consiga imaginar uma pessoa assim comandando qualquer coisa com sucesso deveria ser — para todos aqueles que ainda não compreenderam a importância desses princípios e por isso não consideram a moralidade um fator, mas sim um empecilho, para a prosperidade — uma sólida evidência de que a conclusão à qual chegaram é totalmente errônea, pois, se correta, quanto maior fosse a ausência desses princípios morais, maior seria o sucesso.

Esses oito princípios, portanto, em maior ou menor grau, são os fatores causais de qualquer tipo de sucesso. Constituem a base firme sob toda prosperidade, e, por mais que as aparências pareçam contrariar essa conclusão, medi-los informa e sustenta todo esforço coroado com essa excelência a qual chamamos de sucesso.

É verdade que relativamente poucas pessoas bem-sucedidas praticam, em sua totalidade e perfeição, todos esses oito princípios, mas há aquelas que o fazem, e são essas as consideradas líderes, mestres e guias, os esteios da sociedade e sólidas pioneiras na linha de frente da evolução humana.

Mas embora poucas alcancem a perfeição moral que assegura o ápice do sucesso, todos os sucessos advêm do cumprimento desses princípios, ainda que em parte. Eles são tão poderosos na produção de bons resultados que, se apenas dois ou três deles atingirem a perfeição, isso será suficiente para assegurar um grau básico de prosperidade e manter uma medida de influência local ao menos por algum tempo. A mesma perfeição em dois ou três desses princípios, associada à excelência parcial em todos ou em quase todos os outros princípios humanos, tornará permanente o sucesso limitado e a influência que, necessariamente, crescerão e se ampliarão na mesma medida a partir de um conhecimento mais íntimo e da prática daqueles princípios que, no momento, estão apenas parcialmente incorporados ao caráter.

As divisas de nossa moralidade delimitam nosso sucesso. Isso é tão verdadeiro que conhecer a categoria moral de uma pessoa é o mesmo que conhecer — aferir matematicamente — seu sucesso ou fracasso final. O Templo da Prosperidade só se mantém de pé enquanto for sustentado por seus Oito Pilares morais; quando eles se enfraquecem, o Templo se torna precário; na medida em que são retirados, o Templo se desintegra e se transforma em ruínas.

O fracasso e a derrota finais são inevitáveis quando os princípios morais são ignorados ou desacatados — inevitáveis na natureza das coisas como causa e efeito. Como uma pedra jogada para cima retorna à terra, assim também cada ação, boa ou má, retorna para aquele que a cometeu. Todo ato amoral ou imoral frustra o objetivo a que visa e, a cada ação dessa natureza, o objetivo torna-se cada vez mais distante de sua concretização. Por outro lado, todo ato moral é mais um tijolo sólido no Templo da Prosperidade, mais uma medida de força e beleza esculpida nos Oito Pilares que o sustentam.

Indivíduos, famílias e nações crescem e prosperam em harmonia com o desenvolvimento de sua força e conhecimento moral; todos decaem e fracassam de acordo com sua decadência moral.

Mental e fisicamente, apenas aquilo que tem forma e solidez pode se erguer e perdurar. O imoral é nada, e dele coisa alguma pode ser formada. Ele é a negação da substância. O imoral é destruição. É a negação da forma. É um processo de desnudamento espiritual. Mas, embora solape e desintegre, também deixa o material que espalha pronto para que

INDIVÍDUOS, FAMÍLIAS E NAÇÕES CRESCEM E PROSPERAM EM HARMONIA COM O DESENVOLVIMENTO DE SUA FORÇA E CONHECIMENTO MORAL; TODOS DECAEM E FRACASSAM DE ACORDO COM SUA DECADÊNCIA MORAL.

o construtor sábio o ponha em forma novamente; e o construtor sábio é a *Moralidade*. A moral é substância, forma e capacidade de construção numa só coisa. A moralidade constrói e preserva, pois essa é sua natureza, ao contrário da imoralidade, que derruba e destrói. A moralidade é sempre o mestre de obras em tudo, seja em indivíduos ou nações.

A moralidade é invencível, e quem se apoia nela até o fim permanece sobre uma rocha inexpugnável, impossibilitando a derrota e assegurando o triunfo. A pessoa há de ser posta à prova, e isso no grau mais extremo, pois sem luta não pode haver vitória; somente assim suas capacidades morais podem ser aprimoradas, e está na natureza dos princípios estabelecidos, como na de todas as coisas forjadas com primor e perfeição, ter sua força testada e provada. As barras de aço que servirão para os mais fortes e melhores usos no mundo devem ser submetidas a severa pressão pelo metalúrgico, como um teste de sua textura e eficiência, antes de serem enviadas para a fundição. O fabricante de tijolos descarta os que cederam sob calor severo. Do mesmo modo, o indivíduo que é grande e permanentemente bem-sucedido passará pela pressão das adversidades e pelo fogo da tentação com sua natureza moral não só inabalada, como também fortalecida e aprimorada. Será como uma barra de aço bem forjado, adequada para o melhor uso, e o universo verá, como o metalúrgico vê seu aço primorosamente finalizado, sua grande utilidade.

A imoralidade é condenável em todos os aspectos, e quem tenta se apoiar nela afunda no pântano da desolação. Mesmo quando seus esforços parecem se sustentar, na verdade, eles estão desmoronando. O clímax de fracasso é inevitável. Enquanto o imoral gargalha diante dos ganhos ilícitos, seu bolso já está furado, deixando todo o ouro ir embora. Já quem parte da moralidade, mas a abandona pelo ganho na hora da provação, é como o tijolo que se quebra na primeira aplicação de calor; não tem serventia e é descartado pelo universo, embora não definitivamente, posto que é um ser, e, diferente de um tijolo, pode viver e aprender, se arrepender e se reabilitar.

A força moral é a verve de todo sucesso e a base de sustentação de toda prosperidade. Há vários tipos de sucesso, porém, e muitas vezes é necessário o fracasso em uma direção para que um sucesso maior e mais amplo seja alcançado.

UM SUCESSO ESPIRITUAL EXCEPCIONAL RARAMENTE É ACOMPANHADO POR RIQUEZAS, MAS O SUCESSO FINANCEIRO NÃO PODE, DE MANEIRA ALGUMA, SE COMPARAR COM ELE EM GRANDEZA E ESPLENDOR.

Se, por exemplo, um gênio literário, artístico ou espiritual tenta enriquecer no início de sua jornada, pode ser — e muitas vezes é — proveitoso para ele e para o aperfeiçoamento de seu talento fracassar nesse objetivo; assim poderá alcançar o sucesso mais sublime onde reside sua verdadeira capacidade. Muitos milionários estariam sem dúvida dispostos a trocar seus milhões pelo sucesso literário de Shakespeare ou o sucesso espiritual de Buda, e considerariam ter feito um bom negócio. Um sucesso espiritual excepcional raramente é acompanhado por riquezas, mas o sucesso financeiro não pode, de maneira alguma, se comparar com ele em grandeza e esplendor. Mas não estou tratando neste livro do sucesso do santo ou do gênio espiritual, e sim daquele sucesso que diz respeito ao bem-estar, ao conforto e à felicidade dos medianos. Em resumo, falo da prosperidade que, embora esteja em parte associada ao dinheiro — que é presente e secular —, não está restrita a ele. Uma prosperidade que se estende a todas as atividades humanas e as abarca, que se relaciona particularmente com aquela harmonia entre indivíduo e suas circunstâncias capaz de produzir a satisfação que chamamos de felicidade e o conforto conhecido como prosperidade. Para atingir esse fim, tão desejável para grande parte da humanidade, vejamos agora como os oito princípios operam, como o telhado da prosperidade se ergue e é mantido em segurança sobre os pilares que o sustentam.

PRIMEIRO PILAR – ENERGIA

2

—

Energia é a potência de trabalho em toda realização. Ela converte carvão em fogo e transmuta a água em vapor; vivifica e intensifica o talento mais comum até que ele se aproxime da genialidade, e quando toca a mente desatenta, transforma em fogo vivo o que antes era sono e inércia.

A energia é uma virtude moral, e seu vício oposto é a preguiça. Trata-se de uma virtude que pode ser cultivada, e preguiçosos podem se tornar vigorosos incitando-se à força para a aplicação. Comparado à pessoa vigorosa, a preguiçosa sequer está parcialmente viva. Enquanto esta última está falando sobre a dificuldade de fazer tal coisa, a primeira está realizando; a pessoa ativa já terá realizado uma quantidade considerável de trabalho antes mesmo de a preguiçosa acordar. Enquanto a preguiçosa está à espera de uma oportunidade, a ativa já ganhou as ruas, encontrou e utilizou meia dúzia delas. Ela realiza coisas enquanto a outra está esfregando os olhos.

A energia é uma das forças primordiais: sem ela nada pode ser realizado. É o elemento básico em todas as formas de ação. O universo inteiro é uma manifestação de energia incansável, embora inescrutável. Energia, de fato, é vida, e sem ela não haveria universo. Quando um indivíduo cessou de agir, quando o corpo está inerte e todas as funções deixaram de agir, dizemos que ele está morto; da mesma forma, se deixamos de agir, estamos mortos. Somos, mental e fisicamente, construídos para a ação, e não para a sordidez da comodidade. Cada músculo do nosso corpo (sendo uma alavanca para exercício) é uma repreensão para os preguiçosos. Cada osso e nervo foi moldado para a resistência; cada função e faculdade está lá para um uso legítimo. Todas as coisas têm sua finalidade na ação; todas as coisas são aperfeiçoadas pelo uso.

Sendo assim, não há nenhuma prosperidade para quem tem preguiça, nenhuma felicidade, nenhum refúgio e nenhum descanso; para essa pessoa, não há nem mesmo o sossego que ela ambiciona, porque no fim ela se torna desamparada e sem lar, perturbada, atormentada, desprezada. Como diz o sábio provérbio: "O homem preguiçoso torna o trabalho mais árduo", uma vez que, ao evitarmos o exercício sistemático da habilidade, atraímos para nós o destino mais dificultoso.

Mas energia mal aplicada ainda é melhor do que nenhuma energia. Isso é poderosamente expresso por são João nas palavras: "Porque não és quente nem frio, mas morno, eu te cuspirei de minha boca." Os extremos de calor e frio aqui simbolizam a ação transformadora da energia, em seus bons e maus aspectos.

O estágio morno é sem cor, sem vida, inútil; mal se pode dizer que tenha vício ou virtude — é meramente estéril, vazio, infrutífero. Quem aplica sua abundante energia para fins perversos terá, na própria energia empregada para alcançar objetivos egoístas, atraído para si dificuldades, dores e tristezas tais que será compelido a aprender pela experiência, e assim, finalmente, a remodelar sua base de ação. No momento certo, quando seus olhos mentais despertarem para propósitos melhores, a pessoa dará meia-volta e abrirá canais novos e mais apropriados para o escoamento de sua capacidade, e será então tão forte no bem quanto fora no mal. Esta verdade está belamente cristalizada no velho provérbio: "Quanto maior o pecador, maior o santo."

Energia é força, e sem ela não haverá nenhuma realização; não haverá nem virtude, porque esta não consiste apenas em não fazer o mal, mas também, antes de mais nada, em fazer o bem. Existem pessoas que tentam, mas fracassam por insuficiência de energia. Seus esforços são débeis demais para produzir resultados positivos. Não são pessoas perversas, e como nunca fazem nenhum mal deliberado, são em geral vistas como boas, mas fracassadas. Não ter a iniciativa para fazer o mal, entretanto, não é o mesmo que ser bom; é apenas ser fraco e impotente. Verdadeiramente bom é aquele que, embora tenha a capacidade de fazer o mal, escolhe direcionar suas energias para o bem. Sem um considerável grau de energia, portanto, não haverá nenhuma força moral. O bem que existir estará latente e adormecido; não haverá nenhum avanço do bem, assim como não pode haver nenhum movimento mecânico sem uma força motriz.

A energia é a força inspiradora em todas as áreas a vida, e dita se esta estará em conformidade com o viés material ou espiritual. O chamado para a ação, que vem não apenas do soldado, mas dos lábios ou da pena de cada professor em todas as linhas de pensamento, é uma convocação para que despertemos nossa energia adormecida e empreendamos vigorosamente a tarefa que temos em mãos. Até os mestres contemplativos e meditativos nunca deixam de exortar seus discípulos ao empenho no pensamento. A energia é igualmente necessária em todas as esferas da vida, e não apenas as regras do soldado, as normas de ação do engenheiro e do comerciante, mas quase todas as percepções dos heróis, sábios e santos são preceitos de *ação*.

O conselho de um dos Grandes Mestres para seus discípulos — "Permaneçam alertas" — resume a necessidade de energia incansável para que nosso propósito se realize, e funciona bem tanto para o vendedor quanto para o santo. "O preço da liberdade é a eterna vigilância", e a liberdade é a concretização do fim a que nos propusemos. Esse mesmo Mestre disse: "Se alguma coisa deve ser feita, que um homem a faça imediatamente; que a ataque com vigor!" Observamos a sabedoria deste conselho ao nos lembrarmos que ação é um processo criativo, que crescimento e desenvolvimento decorrem do uso legítimo. Para obter mais energia devemos usar ao máximo aquela que já possuímos. Somente para o homem ativo isso é dado. Somente para quem empreende vigorosamente alguma tarefa, poder e liberdade advêm.

Entretanto, para ser produtiva, a energia não deve apenas ser orientada para fins positivos, mas também cuidadosamente controlada e conservada. "Conservação da energia" é uma expressão moderna que exprime o princípio da natureza de que nenhuma energia é desperdiçada ou perdida, e aquele cujas energias devem frutificar em resultados deve trabalhar com inteligência com base nesse princípio. Barulho e pressa são sinais de que muita energia está correndo para o desperdício. "Mais pressa, menos velocidade." O máximo de barulho geralmente acompanha o mínimo de realização. Onde há muita conversa, pouco é realizado. O vapor que trabalha não é ouvido; é o vapor que escapa que gera um grande ruído. É a pólvora concentrada que conduz a bala para o alvo.

Ao intensificarmos nossas energias, conservando-as e concentrando-as na realização de um objetivo, ganhamos na mesma medida quietude, silêncio e calma. É uma grande ilusão pensar que ruído significa força. Não há ninguém mais ingênuo que a pessoa falastrona e ostentadora. Mesmo adulta, é mentalmente ingênua, e como não tem força para nada, trabalho algum para mostrar, tenta compensar isso bravateando sobre o que fez ou poderia fazer.

"Águas paradas são profundas", e as grandes forças universais são inaudíveis. Onde reside a calma reside a força maior. A calma é uma indicação segura de uma mente forte, bem treinada, pacientemente disciplinada. A pessoa calma conhece seu empreendimento, está segura dele. Ela fala pouco, mas passa o recado. Seus projetos são bem planejados e funcionam como uma máquina bem balanceada. Ela vê um longo caminho à frente, e se dirige diretamente para o objetivo. A dificuldade, uma inimiga, é convertida em amiga, e é bem aproveitada, pois a pessoa estudou bem como "concordar com seu adversário enquanto caminha com ele". Como um general sábio, essa pessoa antecipou todas as emergências. De fato, é aquela *que está preparada de antemão*. Em suas meditações, nos conselhos de seu julgamento, consultou as causas e apreendeu a tendência de todas as contingências. Nunca é apanhada de surpresa; nunca está com pressa, está segura na manutenção de sua própria firmeza e segura de seu terreno. Podemos pensar que a derrotamos, mas, no passo seguinte, tropeçamos em nossa pressa e acabamos apanhados por ela. Ou, ainda, que, carecendo de calma, nos precipitamos no dilema que tínhamos preparado. Nosso impulso não é capaz de lutar com a deliberação do outro, é frustrado no primeiro ataque; sua energia incontida não pode desviar o vapor sabiamente dirigido do poder concentrado do outro. O outro está "armado em todos os pontos". Mediante um jiu-jitsu mental adquirido por meio de autodisciplina, ele enfrenta o oponente de tal maneira que este destrói a si mesmo. Repreenda-o com palavras furiosas, e a censura oculta na resposta gentil que lhe dará irá ao encontro do próprio cerne da sua loucura, e o fogo de sua raiva submergirá nas cinzas do remorso. Aborde-o com uma familiaridade inapropriada, e seu olhar o encherá imediatamente de vergonha, e lhe trará de volta à razão. Assim como está preparada para todas as eventualidades, essa pessoa está pronta para encarar qualquer um; embora ninguém esteja pronto para ela. Todas as fraquezas são reveladas em sua presença, e ela comanda a ação por uma força inerente que a calma tornou habitual e instintiva.

A calma, em contraste com a placidez morna da languidez, é o apogeu da energia concentrada. Há um caráter de foco por trás dela. Na agitação e na empolgação, o caráter é dispersado. Torna-se irresponsável, sem força ou peso. Pessoas inquietas, rabugentas, irritadiças não têm influência. São repelentes, em vez de atraentes. Questionam por que o vizinho "pacato" tem sucesso e é requisitado, enquanto elas, que estão sempre se apressando, se preocupando e se encrencando — e chamam isso equivocadamente de *esforço* —, caem e são evitadas. O vizinho, sendo uma pessoa mais calma — não mais fácil de lidar, porém mais ponderada —, finaliza mais trabalhos, realiza-os com mais habilidade e é mais seguro de si. Esta é a razão de seu sucesso e influência. Sua energia é controlada e bem utilizada, ao passo que a energia de quem o observa é dispersa e mal aproveitada.

A energia, portanto, é o Primeiro Pilar no Templo da Prosperidade, e sem ela, como o primeiro e mais essencial equipamento, não pode haver nenhuma prosperidade. Ausência de energia significa ausência de capacidade; não há nenhum respeito próprio e independência. Entre as pessoas desempregadas encontraremos muitas que não podem ser contratadas em razão da absoluta falta desse primeiro elemento essencial que é a energia de trabalho. Quem passa muitas horas do dia à toa, com as mãos nos bolsos, fumando um cigarro à espera de ser convidado para um copo de cerveja, tem pouca probabilidade de encontrar emprego, ou de aceitá-lo caso receba uma proposta. Fisicamente flácida e mentalmente inerte, a cada dia essa pessoa mergulha mais fundo nessa condição, cada vez mais incapaz de trabalhar e, portanto, incapaz de viver. Pessoas vigorosas podem passar por períodos de desemprego e sofrimento, mas é impossível permanecerem desocupadas para sempre. Ou encontrarão um emprego ou produzirão algo, porque a inércia é penosa para elas e o trabalho é um deleite; quem se deleita no trabalho não fica desempregado por muito tempo.

Pessoas preguiçosas não querem ser empregadas. Sentem-se em seu habitat quando não estão fazendo nada. Sua principal preocupação é como evitar o esforço. Inapta e não empregável, vegetar em parcial estado de torpor é seu ideal de felicidade. Até o socialista radical, que atribui todo o desemprego aos ricos, despediria um funcionário negligente e improdutivo, acrescentando assim mais um indivíduo ao contingente dos desempregados; pois a preguiça é um dos vícios mais abjetos, repulsivo para toda pessoa ativa e sensata.

Mas a energia é uma força complexa. Não é independente. Ela está ligada a qualidades que contribuem para a criação de um caráter vigoroso e a produção de prosperidade. Essas qualidades estão especialmente contidas nas quatro características seguintes:

1. Presteza
2. Vigilância
3. Diligência
4. Zelo

O Pilar da Energia é, portanto, uma massa concreta composta desses quatro elementos tenazes. Eles são diretos, duradouros e calculados para suportar a mais terrível adversidade. Todos contribuem para a vida, a força, a capacidade e o progresso.

A *presteza* é um bem valioso, gera confiabilidade. Pessoas alertas, ágeis e pontuais inspiram confiança. Pode-se acreditar que cumprirão o seu dever, e farão isso bem e com vigor. Patrões dotados de presteza são um tônico para os funcionários e uma advertência para aqueles inclinados a se esquivar. São um instrumento de saudável disciplina para quem não se disciplinaria de outro modo. Assim, enquanto auxiliam sua própria utilidade e sucesso, eles contribuem para a utilidade e sucesso dos demais. O funcionário negligente, que está sempre procrastinando e atrasado, torna-se um estorvo, se não para si mesmo, para os outros, e seus serviços passam a ser encarados como de pouco valor econômico. A deliberação e a rapidez, servas da presteza, são auxiliares valiosas na consecução da prosperidade. Nos canais comuns dos negócios, a vivacidade é uma força econômica, e prontidão significa lucro. É duvidoso que um consumado procrastinador algum dia tenha alcançado sucesso nos negócios. Ainda não encontrei nenhum do tipo, embora tenha conhecido muitos que fracassaram.

A *vigilância* é a protetora de todas as capacidades da mente. É a detetive que impede a entrada de qualquer elemento violento e destrutivo. É companheira íntima e anteparo de todo sucesso, liberdade e sabedoria. Sem uma atitude vigilante da mente, nos tornamos tolos, e não há nenhuma prosperidade para quem é tolo. O tolo permite que pensamentos mesquinhos e paixões violentas, os quais surgem de vez em quando para molestá-lo, saqueiem a seriedade, serenidade e discernimento de sua mente. Ele nunca está alerta, deixa sempre abertas as portas da mente para qualquer intruso nocivo. É tão fraco e vacilante que pode perder o equilíbrio a cada lufada de impulso que o surpreende. É um exemplo do que não se deve ser. A pessoa tola é sempre uma fracassada, uma ofensa para todos, e não há grupo que vá recebê-la com respeito. Assim como a sabedoria é o apogeu da força, a tolice é outro extremo da fraqueza.

A falta de vigilância se revela na falta de reflexão e em um relaxamento geral nos detalhes comuns da vida. A negligência é outro nome para tolice e está na raiz de muito fracasso e miséria. Ninguém que almeje ser útil e próspero pode se permitir estar alheio às próprias ações e ao efeito delas sobre os demais, bem como à sua reatividade sobre si mesmo. Toda pessoa deve, no início da carreira, tomar consciência de sua responsabilidade pessoal. Deve saber que, onde quer que esteja — em casa, no escritório do contador, no púlpito, na loja, na sala de aula ou atrás do balcão, acompanhada ou sozinha, trabalhando ou brincando —, sua conduta afetará materialmente sua carreira para o bem ou para o mal; pois há uma sutil influência no comportamento que deixa sua marca em todas as pessoas que ela toca, e essa marca é o que determina como agimos uns com os outros. É por essa razão que o cultivo das boas maneiras desempenha um papel tão importante em toda sociedade coesa. Um defeito mental perturbador ou desagradável que você porventura possua não precisa ser anunciado, senão acabará envenenando seus negócios. Sua influência corrosiva consumirá todos os esforços e desfigurará sua felicidade e prosperidade, como um ácido poderoso corrói e desfigura o aço da melhor qualidade. Por outro lado, se você carrega por onde for uma excelência mental tranquilizadora e harmoniosa, não é necessário que as pessoas à sua volta compreendam isso para serem influenciadas por ela. Elas serão atraídas para você de bom grado, muitas vezes sem saberem por quê, e essa boa qualidade será o mais poderoso trunfo em todos os seus negócios, proporcionando-lhe amigos e oportunidades, e ajudando enormemente no sucesso de seus empreendimentos. Ela irá até sanar suas pequenas incapacidades, acobertando inúmeras falhas.

Assim recebemos das mãos do mundo o que oferecemos. Se oferecemos o mal, recebemos o mal; se oferecemos o bem, recebemos o bem. Se optamos pela conduta incorreta, influência indiferente e sucesso imperfeito é o que nos espera; se optamos pela conduta superior, recebemos poder duradouro e realização consumada. Nós agimos, e o mundo responde. Quando o tolo falha, ele culpa os outros, não vê nenhum erro em si mesmo; mas o sábio se observa e se corrige, e assim tem certeza do sucesso.

Quem possui a mente vigilante e alerta tem um valioso equipamento na realização de seus objetivos; e, se o indivíduo estiver plenamente alerta e bem atento a todas as oportunidades e todos os defeitos de caráter prejudiciais, que acontecimento, que situação, que inimigo poderá surpreendê-lo e encontrá-lo despreparado? O que o impedirá de alcançar o legítimo objetivo a que visa?

A diligência traz alegria e abundância. As pessoas vigorosamente trabalhadoras são os membros mais felizes da comunidade. Elas nem sempre são as mais ricas, se por riqueza se entende uma superabundância de dinheiro; mas são sempre as mais serenas e contentes, e as mais satisfeitas com o que fazem e possuem; portanto, as mais ricas, se por mais ricas entendemos abençoadas com mais abundância. Pessoas ativas não têm tempo para lamúrias e melancolia, ou para remoer egoisticamente suas aflições e angústias. As coisas mais úteis para nós são as que mais reluzem, e as pessoas mais solicitadas conservam melhor seu brilho e alegria de espírito. As coisas que não têm muita utilidade perdem o brilho mais rapidamente; o ocioso é vítima de tédio e fantasias mórbidas. Falar que "matar tempo" é necessário é quase uma confissão de tolice; porque aqueles que, durante a curta vida à sua disposição e num mundo tão inundado de conhecimento, têm cabeças sadias e bons corações, são capazes de preencher cada momento dos dias de maneira útil e feliz. Se essas pessoas pararem para comentar algo sobre o tempo, será apenas para dizer que ele é curto demais para que elas façam tudo o que gostariam.

A diligência também promove saúde e bem-estar. Pessoas ativas vão para a cama cansadas todas as noites; seu repouso é agradável, e elas acordam cedo renovadas e fortalecidas para mais um dia de agradável labuta. Seu apetite e sua digestão são bons. Elas têm um excelente tempero nos momentos de lazer e um bom tônico no trabalho. Que convívio pessoas assim podem ter com lamúria e melancolia? Tais espíritos mórbidos rondam aqueles que fazem pouco e jantam em excesso. As pessoas que se fazem úteis para a comunidade recebem de volta dela sua completa parcela de saúde, felicidade e prosperidade. Elas abrilhantam a lida do dia a dia e mantêm o mundo girando. São o ouro da nação e o sal da terra.

AS PESSOAS QUE SE FAZEM ÚTEIS PARA A COMUNIDADE RECEBEM DE VOLTA DELA SUA COMPLETA PARCELA DE SAÚDE, FELICIDADE E PROSPERIDADE. ELAS ABRILHANTAM A LIDA DO DIA A DIA E MANTÊM O MUNDO GIRANDO. SÃO O OURO DA NAÇÃO E O SAL DA TERRA.

"O zelo", disse um Grande Mestre, "é o caminho da imortalidade. Aqueles que levam a sério o que fazem não morrem; aqueles que não levam a sério o que fazem já estão um pouco mortos". O zelo é a dedicação total da mente à tarefa que está sendo realizada. Só vivemos naquilo que realizamos. As pessoas zelosas se sentem insatisfeitas com qualquer coisa aquém da mais elevada excelência em tudo que fazem, e sempre alcançam esse ponto ótimo. No mundo há tantas pessoas negligentes e pouco empenhadas, tão satisfeitas com um desempenho medíocre, que as que são zelosas brilham à parte por assim dizer, em sua excelência. Há sempre muitas "vagas" nas fileiras da utilidade e do serviço para pessoas diligentes. Nunca houve, e nunca haverá, uma pessoa profundamente diligente que não tenha preenchido com sucesso alguma área da vida. Essas pessoas são escrupulosas, conscienciosas e esmeradas e não conseguem repousar no conforto até que o melhor seja feito. O mundo todo, em contrapartida, está sempre de olho para recompensar o melhor. Está sempre pronto para pagar o valor integral, seja em dinheiro, fama, amigos, influência, felicidade, longevidade, pelo que é de extraordinária excelência, seja em coisas materiais, intelectuais ou espirituais. Seja você o que for, não importa se lojista ou guru espiritual, ofereça seu melhor ao mundo com confiança, sem nenhuma dúvida. Se a marca indelével de sua diligência estiver em seus bens ou em suas palavras, seu negócio florescerá e seus preceitos viverão.

Pessoas diligentes progridem velozmente tanto no trabalho quanto no caráter. É assim que elas vivem e "não morrem", pois estagnação é apenas morte, e onde há progresso incessante e excelência sempre crescente, a estagnação e a doença são engolidas pela vida e pelo viver.

Estão explicadas a feitura e a alvenaria do Primeiro Pilar. Quem o constrói com destreza e o posiciona firme e reto terá um poderoso e duradouro apoio para a empreitada de sua vida.

SEGUNDO PILAR — ECONOMIA

3

—

Diz-se sobre a Natureza que ela desconhece o vácuo. Desconhece também o desperdício. Em sua economia divina, tudo é conservado e bem aproveitado. Até excrementos são quimicamente transformados e utilizados na construção de novas formas. A Natureza destrói toda imundície; não a suprime, mas a transmuta, a suaviza e a purifica, colocando-a a serviço das coisas belas, úteis e boas.

Essa economia que na natureza é um princípio universal em nós é uma qualidade moral, e é por meio dela que preservamos nossas energias e sustentamos nosso lugar como unidade funcional no esquema das coisas.

A economia financeira é meramente um fragmento desse princípio, ou melhor, um símbolo material dessa economia que é puramente mental, e de suas transmutações espirituais. O economista financeiro troca cobre por prata, prata por ouro, ouro por notas, e as notas ele converte nos números de uma conta bancária. Mediante essas conversões de dinheiro em formas mais facilmente transmissíveis, ele é o ganhador na gestão financeira de seus negócios. O economista espiritual transmuta paixões em inteligência, inteligência em princípios, princípios em sabedoria, e a sabedoria é manifestada em poucas ações, mas de efeito poderoso.

Por todas essas transmutações ele é o ganhador em caráter e na gestão de sua vida.

A verdadeira economia é o meio-termo das coisas, sejam elas materiais ou mentais, entre desperdício e retenção indevida. Aquilo que é desperdiçado, seja dinheiro ou energia mental, torna-se ineficaz; assim como o que é retido e entesourado de forma egoísta. Para obter poder, seja de capital ou de mentalidade, deve haver concentração, mas esta deve ser acompanhada por uso legítimo. A acumulação de dinheiro ou de energia é apenas um meio; o fim é o uso, e somente ele produz poder.

Uma economia legítima consiste em encontrar o meio-termo nestes sete aspectos: *Dinheiro*, *Comida*, *Vestuário*, *Lazer*, *Repouso*, *Tempo* e *Energia*.

O *dinheiro* é o símbolo da troca, representa o poder de compra. Aquele que está ansioso para adquirir riqueza financeira, bem como aquele que deseja evitar se endividar, deve avaliar como equilibrar seus gastos de acordo com sua renda, de modo a deixar margem para um capital de giro sempre crescente, ou para ter uma pequena reserva disponível para qualquer emergência. Dinheiro gasto em despesas imprudentes, como prazeres inúteis ou luxos prejudiciais, é dinheiro desperdiçado e poder destruído; pois, embora o dinheiro seja um poder limitado e subordinado aos seres humanos, o meio e a ferramenta para aquisições legítimas e virtuosas, ele, ainda assim, é um poder que se estende pelos detalhes da vida cotidiana. O esbanjador jamais enriquece, e se já possui riqueza, está fadado a empobrecer em pouco tempo. Já o avarento não pode ser considerado rico, apesar de todo seu outro acumulado, pois padece de necessidade, e sua riqueza, permanecendo inativa, está privada de seu

O DESFAVORECIDO QUE PRETENDE ENRIQUECER DEVE COMEÇAR DE BAIXO E NUNCA DESEJAR NEM PROCURAR PARECER RICO TENTANDO OBTER AQUILO QUE ESTIVER MUITO ALÉM DE SEUS RECURSOS. HÁ SEMPRE ESPAÇO DE SOBRA NA PARTE DE BAIXO, UM LUGAR SEGURO PARA ALGUÉM COMEÇAR, POIS, COMO NÃO HÁ MAIS NADA ABAIXO, SÓ É POSSÍVEL SUBIR.

poder de compra. O parcimonioso e o prudente estão a caminho de riquezas, pois gastam com consciência e poupam com cuidado, aumentando, pouco a pouco, seus meios à medida que seus recursos cada vez mais abundantes permitem.

O desfavorecido que pretende enriquecer deve começar de baixo e nunca desejar nem procurar parecer rico tentando obter aquilo que estiver muito além de seus recursos. Há sempre espaço de sobra na parte de baixo, um lugar seguro para alguém começar, pois, como não há mais nada abaixo, só é possível subir. Muitos jovens empreendedores encontram adversidades muito cedo, por arrogância, e exibem o que imaginam tolamente ser necessário para o sucesso, mas que, não enganando ninguém além dele próprio, leva rapidamente à ruína. Um início modesto e verdadeiro, em qualquer esfera da vida, é melhor garantia de sucesso do que uma propaganda exagerada da própria posição e importância. Quanto menor for o capital, menor deve ser a esfera das operações. Capital e campo de aplicação são como mão e luva, devem se encaixar. Concentre seu capital dentro da esfera de sua potência de trabalho, e, por mais circunscrito que esse círculo seja, ele continuará a se ampliar à medida que o crescente impulso de potência pressiona por expressão.

Acima de tudo, tenha sempre o cuidado de evitar os dois extremos: austeridade e prodigalidade.

Comida representa vida, vitalidade e força tanto física quanto mental. Há um meio-termo em comer e beber, como em tudo o mais. Para alcançar a prosperidade, devemos ser bem nutridos, mas não em excesso. Quem priva o próprio corpo de alimento, seja por avareza ou por ascetismo (duas formas de falsa economia), reduz sua energia mental e o torna debilitado demais para ser o instrumento de qualquer realização potente. Um indivíduo assim se expõe a uma disposição mental doentia, uma condição que leva apenas ao fracasso.

O glutão, no entanto, destrói a si mesmo pelo excesso. Seu corpo torna-se um reservatório de venenos que atraem doença, ao passo que sua mente se torna cada vez mais brutalizada e confusa, portanto, mais incapaz. A gula é um dos vícios mais sórdidos e primitivos, indesejável para todos que buscam a moderação.

Os melhores trabalhadores e os mais bem-sucedidos são aqueles que comem e bebem com moderação. Alimentando-se bem, mas não em excesso, alcançam a expressão máxima de sua aptidão física e mental. Bem equipadas pela moderação, essas pessoas estão capacitadas para travar a batalha da vida com alegria e vigor.

O *vestuário* cobre e protege o corpo, embora costume ser dissociado desse objetivo econômico e transformado num meio de fútil exibição. Os dois extremos a serem evitados aqui são negligência e vaidade. A forma de se vestir não pode e não precisa ser ignorada; e a limpeza é de máxima importância. Vestir-se mal e com desleixo é um convite ao fracasso e à solidão. As roupas devem harmonizar com a posição que temos na vida, devem ser de boa qualidade, bem-feitas e apropriadas. Não devem ser jogadas fora enquanto estiverem relativamente novas e devem ser bem usadas. Uma pessoa economicamente desfavorecida não será menos respeitada, por ela mesma ou pelos outros, se usar roupas de segunda mão, desde que limpas, e se todo o seu corpo for asseado e agradável. Mas a vaidade, que leva à ostentação na maneira de se vestir, é um vício a ser cuidadosamente evitado pelas pessoas virtuosas. Conheço uma senhora que tinha quarenta vestidos no guarda-roupa, também um homem que tinha vinte bengalas, mais ou menos o mesmo número de chapéus e algumas dezenas de capas. Já outro tinha cerca de vinte ou trinta pares de botas. Pessoas ricas que esbanjam dinheiro assim, em pilhas de roupas supérfluas, cortejam a pobreza, pois estão desperdiçando, e o desperdício leva à falta. O dinheiro gasto com tanta irresponsabilidade poderia ter sido melhor utilizado, visto que há tanto sofrimento no mundo e servir com caridade é um gesto nobre.

Uma indesejável exibição de roupas e joias evidencia uma mente vulgar e vazia. Pessoas cultas se vestem com modéstia e usam prudentemente seu dinheiro extra para adquirir conhecimento e aprimorar sua virtude. Educação e progresso são mais importantes para elas do que roupas fúteis e desnecessárias; e a literatura, a arte e a ciência são dessa forma encorajadas. O verdadeiro refinamento está na mente e no comportamento, e uma mente adornada com virtude e inteligência, embora não possa aumentar sua atratividade, pode diminuí-la com uma exibição ostentosa do corpo. O tempo que se gasta embelezando inutilmente o corpo poderia ser melhor empregado. A simplicidade no vestuário, como em outras coisas, é mais adequada. Ela favorece a excelência na utilidade, no conforto e na boa aparência, além de evidenciar bom gosto e refinamento.

O *lazer* é uma das necessidades da vida. Todos deveriam ter um ofício certo como o principal objetivo na vida, ao qual dedicariam uma considerável quantidade de tempo e do qual só se desviariam durante os momentos reservados para a recreação e o repouso. O objetivo do lazer é energizar tanto o corpo quanto a mente, tornando-nos assim mais potentes no trabalho. O lazer é, portanto, um meio, não um fim; e devemos sempre lembrar que, para muitos, algumas formas de recreação inocentes e boas em si tornam-se tão fascinantes que essas pessoas correm o risco de fazer delas um objetivo de vida e, assim, abandonar o dever pelo prazer. Fazer da vida uma sucessão infinita de jogos e júbilos, sem nenhum outro objetivo, é virá-la de cabeça para baixo, por assim dizer, o que resulta em monotonia e exaustão. As pessoas que cometem esse deslize são os mais infelizes dos mortais, sofrem de languidez, tédio e irritação. Assim como o molho é um auxiliar da digestão, o lazer só pode levar ao sofrimento quando transformado no ofício da vida. Depois que fizemos nosso dever do dia, podemos nos voltar para o lazer com a mente livre e o coração leve, e tanto o trabalho quanto o prazer serão para nós uma fonte de felicidade.

É uma verdadeira economia neste quesito não dedicar a totalidade do nosso tempo nem ao trabalho, nem ao lazer; mas sim atribuir a cada um seu momento e lugar, e assim preencher a vida com as mudanças necessárias para uma existência longa e frutífera.

Toda mudança agradável é lazer. O intelectual ganhará tanto na qualidade quanto no rendimento de seu trabalho se fizer uma pausa no momento reservado para o lazer, um período agradável de descanso. Assim como o trabalhador braçal melhorará em todos os sentidos se, nessas horas, se dedicar a algum tipo de estudo, seja como um hobby ou meio de educação.

Assim como não passamos todo o nosso tempo comendo, dormindo ou descansando, tampouco devemos passá-lo nos dedicando ao exercício ou ao prazer. Devemos colocar o lazer em seu devido lugar, um tônico natural no esquema econômico de nossa vida.

O *repouso* serve para nos recuperarmos depois da labuta. Todo ser humano que se respeite deve fazer todos os dias trabalho suficiente para que o sono se torne repousante e suave, e seu despertar, revigorante e alegre.

Devemos dormir o suficiente, mas não em demasia, porque o excesso de indulgência, assim como o de privação, é prejudicial. É fácil descobrir de quanto sono precisamos. Indo para a cama cedo e levantando cedo (um pouco mais cedo a cada manhã se tivermos o hábito de passar longas horas deitados), podemos muito rapidamente aferir com precisão e ajustar o número de horas necessárias para nossa completa recuperação. Descobriremos, à medida que as horas de sono são reduzidas, que o sono se torna cada vez mais profundo e suave, e o despertar cada vez mais alerta e radiante. As pessoas que querem prosperar no trabalho não devem dar lugar à desprezível comodidade e se permitir dormir mais que o necessário. Trabalho frutífero, e não comodidade, é a verdadeira finalidade da vida, e a comodidade só é boa se puder auxiliar as finalidades do trabalho. Preguiça e prosperidade jamais podem ser companheiras, jamais podem sequer se aproximar. O preguiçoso nunca alcançará o sucesso, mas o fracasso rapidamente se emparelhará com ele e o vencerá. O repouso serve para nos deixar aptos a trabalhar melhor, não para nos mimar. Quando o vigor físico é restaurado, a finalidade do repouso se cumpriu. Um perfeito equilíbrio entre trabalho e descanso contribui consideravelmente para a saúde, a felicidade e a prosperidade.

Tempo é aquilo que todos nós possuímos em igual medida. O dia não é alongado para pessoa alguma. Devemos, assim, não desperdiçar nossos preciosos minutos com coisas que não sejam proveitosas. Quem passa o tempo acomodado, sempre em busca do prazer, num piscar de olhos se vê velho e sem nada ter realizado. Quem preenche os minutos com atividades úteis à medida que eles vêm e vão, envelhece em honra e sabedoria, e a prosperidade permanece a seu lado. Dinheiro desperdiçado se recupera; saúde desperdiçada se recupera; mas tempo desperdiçado, jamais.

"Tempo é dinheiro", diz o velho ditado. Do mesmo modo, tempo também é saúde, força, talento, gênio e sabedoria, dependendo de como é empregado; e para usá-lo adequadamente, precisamos aproveitar os minutos no momento em que chegam, porque depois que passam jamais serão recuperados. O dia precisa ser dividido em partes, e tudo — trabalho, descanso, refeições, lazer — deve ser concluído em

UM PERFEITO EQUILÍBRIO ENTRE TRABALHO E DESCANSO CONTRIBUI CONSIDERAVELMENTE PARA A SAÚDE, A FELICIDADE E A PROSPERIDADE.

---

seu devido tempo; e o tempo de *preparação* não deve ser subestimado ou ignorado. O que quer que façamos, faremos melhor e com mais sucesso se usarmos alguma pequena porção do dia preparando nossa mente para as atividades úteis.

Quem se levanta cedo para pensar e planejar, permitindo-se um momento para ponderar, considerar e prever, será mais competente e bem-sucedido em sua atividade, seja ela qual for, do que quem fica na cama até o último minuto e se levanta só a tempo de tomar o café da manhã. Uma hora dedicada ao planejamento todos os dias antes do desjejum se provará valiosíssima para tornar frutíferos os nossos esforços. É um meio de acalmar, aclarar a mente e concentrar nossas energias de modo a torná-las mais poderosas e eficazes. O melhor e mais duradouro sucesso é aquele realizado antes das oito da manhã. Diante de condições equânimes, quem chega ao trabalho às seis da manhã estará sempre muito à frente de quem ainda está na cama às oito. Quem se demora na cama se prejudica fortemente na corrida da vida. Todos os dias, essa pessoa dá duas ou três horas de vantagem ao concorrente que se levanta cedo. Como esperar vencer ao impor ao próprio tempo um fardo como esse? Ao fim de um ano, essa vantagem diária de duas ou três horas se manifestará num sucesso que é a síntese de resultados acumulados. Imagine a discrepância entre os esforços dessas duas pessoas ao fim de, digamos, vinte anos! Além disso, o dorminhoco está sempre afobado ao se levantar, tentando recuperar o tempo perdido, o que resulta em mais perda de tempo, porque a pressa sempre derrota sua própria finalidade. Aquele que acorda cedo, econômico com seu tempo, não tem nenhuma necessidade de se apressar porque está sempre adiantado, sempre em dia com o trabalho. Ele pode, assim, se permitir ser calmo e ponderado, e fazer bem e com capricho qualquer tarefa que tenha em mãos, já que esse bom hábito se manifesta sob a forma de um estado de espírito feliz e em resultados mais expressivos, frutos de um trabalho realizado com habilidade e com foco no sucesso.

Na poupança do tempo, também, haverá muitas coisas que precisaremos eliminar de nossa vida; algumas das coisas e atividades que amamos e desejamos manter terão de ser sacrificadas em prol de nosso objetivo de vida. A eliminação calculada do que não é essencial em nosso dia a dia é um fator chave em toda grande realização. Todas as pessoas de sucesso são hábeis nesse ramo da economia, que desempenha um importante papel na criação da grandeza do indivíduo. Trata-se de uma forma de economia que também devemos empregar na mente, nas ações e na fala, eliminando delas tudo que é supérfluo, e que, em vez de ajudar, impede o objetivo pretendido. Pessoas tolas e malsucedidas falam e agem com descuido e sem propósito, além de permitirem que tudo que surge, seja bom, mau ou indiferente, se aloje em sua mente.

A mente da pessoa verdadeiramente econômica é uma peneira que deixa tudo passar, exceto aquilo que é útil para ela em seu dia a dia. Pessoas assim também empregam apenas palavras necessárias e praticam apenas ações necessárias, minimizando imensamente o atrito e o desperdício de força.

Ir para a cama cedo e levantar cedo, preencher cada minuto de trabalho com pensamento intencional e ação eficaz, isso é a verdadeira economia de tempo.

Cultivando bons hábitos, economizamos *energia*. Todos os vícios são gastos imprudentes de energia. Se conser-

A MENTE DA PESSOA VERDADEIRAMENTE ECONÔMICA É UMA PENEIRA QUE DEIXA TUDO PASSAR, EXCETO AQUILO QUE É ÚTIL PARA ELA EM SEU DIA A DIA.

vássemos e usássemos nas direções corretas a energia que desperdiçamos levianamente em maus hábitos, teríamos o suficiente para alcançar mais sucesso. Se praticarmos a economia nos seis pontos já considerados, muito será feito na conservação das próprias energias, mas devemos ir ainda mais longe e poupar com todo cuidado nossa vitalidade evitando qualquer forma de comodismo físico e impurezas, e também todos os vícios mentais, como ansiedade, excitação, desânimo, raiva, lamentação e inveja — coisas que esgotam a mente e a incapacitam para qualquer trabalho importante ou realização admirável. Esses vícios são as formas comuns de dissipação da energia mental que as pessoas de caráter devem aprender a evitar e superar. A energia que desperdiçamos em frequentes acessos de mau humor, se controlada e adequadamente direcionada, nos ofereceria aptidão mental, força de caráter e muita capacidade de realização. Pessoas raivosas são debilitadas pela dissipação de sua energia mental. É necessário autocontrole para manifestar força. Comparativamente, as pessoas calmas serão sempre superiores em qualquer esfera da vida, e serão as mais estimadas pelos outros e as mais bem-sucedidas. Ninguém deve se permitir dispersar suas energias cultivando maus hábitos e más tendências mentais. Todo vício, por menor que possa parecer, nos prejudica na batalha da vida. Todo comodismo nocivo retornará na forma de alguma dificuldade ou fraqueza. Todo momento de revolta ou de favorecimento de nossas inclinações mais baixas torna mais dificultoso nosso progresso e nos impede de escalar o elevado paraíso de nossos desejos de realização. Por outro lado, quando economizamos nossas energias e as direcionamos para o objetivo de nossa vida, progredimos rápido e nos tornamos imbatíveis rumo ao pote de ouro do sucesso.

Veremos que economia é algo muito mais profundo e abrangente que a mera poupança de dinheiro. Ela é algo que permeia todas as partes de nossa natureza e todas as fases de nossa vida. Há um velho ditado britânico que diz: "Tome conta dos centavos, que as libras cuidarão de si mesmas." Isso pode ser visto como uma parábola do uso das paixões mais rasas como energia nativa; é o abuso dessa energia que é nocivo, e se essa energia pessoal for cuidada, armazenada e transmutada, ela reaparecerá como força de caráter. Desperdiçar essa energia valiosa na prática do vício é como desperdiçar os centavos e assim perder as libras, mas cuidar dela para bons usos é armazenar os centavos das paixões, e assim ganhar as libras de ouro do bem. Cuide, portanto, de suas energias mais baixas, e as realizações mais elevadas cuidarão de si mesmas.

Veremos que o Pilar da Economia, quando construído com solidez, é basicamente composto destas quatro qualidades:

1. Moderação
2. Eficiência
3. Engenhosidade
4. Originalidade

A *moderação* é o núcleo forte deste pilar. Ela evita extremos, encontrando o meio-termo em todas as coisas. Consiste também em nos abstermos do desnecessário e do prejudicial. Não pode haver algo como a moderação naquilo que é nocivo, pois isso seria excesso. Uma verdadeira moderação se abstém do mal. Não é um uso moderado do fogo pôr nele as nossas mãos, mas sim aquecê-las por meio dele a uma distância segura. O mal é um fogo que nos queimará mesmo ao mais leve toque. É melhor nos abstermos, portanto, severamente de luxos prejudiciais. Fumar, ingerir bebidas alcoólicas, jogar e outros desses vícios comuns arrastaram milhares de pessoas para a doença, a miséria e o fracasso e nunca ajudaram ninguém a ser saudável, feliz e bem-sucedido. Mesmo que duas pessoas tenham o mesmo talento e oportunidades iguais, aquela que evita esses maus hábitos estará à frente da que os pratica. Aqueles que são saudáveis, felizes e longevos são sempre moderados e abstêmios em seus hábitos. Pela moderação as forças da vida são preservadas; pelo excesso elas são destruídas. Além disso, quem leva a moderação para os pensamentos, suavizando paixões e sentimentos, evitando todos os extremos, sensações e sentimentos mórbidos, acrescenta conhecimento e sabedoria à felicidade e saúde, e assim alcança a máxima felicidade e poder. Pessoas imoderadas destroem a si mesmas com a própria insensatez. Elas debilitam suas energias e embrutecem suas capacidades, e em vez de alcançar um sucesso duradouro, alcançam apenas, na melhor das hipóteses, uma prosperidade intermitente e precária.

A *eficiência* é resultado da conservação correta de nossas forças e energias. Toda habilidade é o uso de energia

A EFICIÊNCIA É RESULTADO DA CONSERVAÇÃO CORRETA DE NOSSAS FORÇAS E ENERGIAS.

concentrada. Um grau superior de habilidade, como expressos naquilo que chamamos de talento e genialidade, são um grau mais elevado de força concentrada. Somos sempre habilidosos naquilo que amamos porque nossa mente está quase o tempo todo focada nisso. A habilidade é o resultado dessa economia mental que transmuta pensamento em invenção e ação. Não existe prosperidade sem habilidade, e a prosperidade de uma pessoa estará sempre na medida de sua habilidade. Pessoas ineficientes se recolherão até seus devidos lugares: entre os mal remunerados ou desempregados. Afinal, quem vai contratar uma pessoa que não pode, ou não quer, fazer seu trabalho da maneira apropriada? Um patrão pode até manter um funcionário assim por caridade, mas ao abrir uma exceção, pois empresas, escritórios, lares e todos os centros de atividade organizada não são instituições de caridade, e sim partes de um organismo industrial que se sustenta ou desmonta em razão da aptidão ou da ineficiência de cada membro do todo.

A *habilidade* é algo que adquirimos mediante reflexão e atenção. Pessoas sem objetivo e foco em geral ficam desempregadas — a saber, algumas delas estão à toa nas esquinas. Talvez sejam incapazes de realizar a coisa mais simples da maneira correta porque não elevam a mente para o pensamento e a atenção. Recentemente um conhecido pediu a um desocupado que limpasse suas janelas, mas o homem tinha evitado trabalho e pensamento sistemático por tanto tempo que se tornara incapaz de ambos, e não conseguia mais sequer executar uma tarefa simples como aquela. Mesmo quando lhe mostravam como fazê-lo, ele tinha dificuldade para seguir as instruções mais básicas. Este é um exemplo, também, do fato de que até a coisa mais simples requer certa medida de habilidade para ser executada. A eficiência determina em grande parte o lugar do indivíduo entre seus semelhantes e o leva gradualmente para posições cada vez mais elevadas à medida que ele aprimora suas capacidades. O bom trabalhador é habilidoso com suas ferramentas, ao passo que a pessoa boa é habilidosa com seus pensamentos. A sabedoria é a forma mais elevada de habilidade. A aptidão é sabedoria incipiente. Existe apenas *uma* maneira certa de fazer todas as coisas, até as menores, e mil maneiras erradas: habilidade é descobrir essa única correta e realizá-la. Pessoas incapazes se atrapalham entre as mil erradas e não adotam a certa nem quando ela lhes é mostrada. Em alguns casos, elas agem desse modo porque, em sua ignorância, pensam que sabem mais, colocando-se com isso numa posição em que se torna impossível aprender, ainda que se trate apenas de aprender como limpar uma janela ou varrer o chão. Agir sem pensar e sem eficiência são

O BOM TRABALHADOR É HABILIDOSO COM SUAS FERRAMENTAS, AO PASSO QUE A PESSOA BOA É HABILIDOSA COM SEUS PENSAMENTOS. A SABEDORIA É A FORMA MAIS ELEVADA DE HABILIDADE.

coisas muito comuns. Há muito espaço no mundo para o comum. Há muito espaço no mundo para pessoas criteriosas e eficientes. Empregadores de mão de obra sabem como é difícil conseguir os melhores funcionários. O bom trabalhador, seja usando ferramentas ou o cérebro, seja usando a fala ou o pensamento, sempre encontrará um lugar para exercer sua habilidade.

A *engenhosidade* é o resultado da eficiência. Trata-se de um elemento importante na prosperidade, porque as pessoas engenhosas nunca se desestabilizam. Mesmo que tenham muitas falhas, sempre estarão à altura da ocasião e serão capazes de recuperar o equilíbrio imediatamente. A causa fundamental da engenhosidade enquanto recurso é a conservação da energia. Ela é energia transmutada. Quando eliminamos certos vícios mentais ou físicos que estiveram exaurindo nossa energia, o que é feito da energia assim conservada? Ela não é destruída ou perdida — visto que ambas as coisas são impossíveis —, mas transformada em energia produtiva. Reaparece na forma de pensamento frutífero. Pessoas virtuosas são sempre mais bem-sucedidas do que as viciosas porque estão repletas de recursos. Toda a sua mente é ativa e vigorosa, repleta de energia armazenada. Se por um lado as viciosas desperdiçam-na em uma complacência estéril, as virtuosas usam-na em diligência frutífera. Uma nova vida e um novo mundo, repletos de todas as atividades fascinantes e puros deleites, abrem-se àqueles que se desligam do velho mundo do vício animal, e seu lugar será assegurado pelos recursos que brotarão dentro dele. Sementes estéreis perecem na terra; não há lugar para a economia frutífera da natureza. Mentes estéreis fracassam na luta pela vida. A sociedade humana favorece o bem e nela não há lugar para o vazio gerado pelo vício. Mas a mente estéril não afundará para sempre. Quando quer, é capaz de tornar-se frutífera e restaurar-se. Pela própria natureza da existência, pela eterna lei do progresso, os viciosos *têm de* cair; mas tendo caído, podem se reerguer. Podem se voltar do vício para a virtude, e assim se manter, permanecendo em segurança, sobre seus próprios recursos.

Pessoas engenhosas inventam, descobrem, instauram. São infalíveis porque estão no fluxo do progresso. São cheias de novos projetos, novos métodos, novas esperanças, e dessa forma sua vida é muito mais completa e rica. Possuem a mente aberta. Quando deixamos de melhorar nossos empreendimentos, nosso trabalho, nossos métodos, nos desviamos da linha do progresso e começamos a fracassar. Nossa mente se tornou rígida e inerte como o corpo de um homem idoso, e assim deixa de acompanhar o ritmo das ideias e planos em rápido movimento das mentes engenhosas. Uma mente engenhosa é como um rio que nunca seca, e que proporciona restauração, fornecendo novo vigor em tempos de seca. Pessoas de recursos são pessoas de ideias novas, e pessoas de ideias novas florescem onde as demais murcham e apodrecem.

Originalidade é engenhosidade amadurecida e aperfeiçoada. Onde há originalidade há gênio, e pessoas de gênio são as luzes do mundo. Qualquer que seja o trabalho realizado, devemos recorrer a recursos próprios para executá-lo. Quando aprendemos com outros, não devemos imitá-los cegamente, mas nos colocar também em nosso trabalho, e assim torná-lo novo e original.

Pessoas originais despertam a atenção do mundo. Talvez até sejam ignoradas a princípio, mas no fim acabam sendo aceitas e se tornam modelos para a sociedade. Uma vez que tenha adquirido o talento da originalidade, o indivíduo assume a liderança em sua área particular de conhecimento e habilidade.

Mas a originalidade não pode ser forçada; pode apenas ser desenvolvida e isso ocorre pelo avanço de excelência para excelência, pela ascensão na escala da habilidade mediante o uso completo e correto dos próprios poderes mentais. Se a pessoa se devota ao trabalho e concentra todas as suas energias nele, chegará o dia em que o mundo haverá de saudá-la como uma pessoa forte; e ela, também — como Balzac, que, após muitos anos de árdua labuta, um dia exclamou: "Estou prestes a me tornar um gênio!" —, ao menos descobrirá, para sua alegria, que se juntou à companhia de outras mentes originais que ajudaram a conduzir a humanidade para caminhos novos, mais elevados e mais benéficos.

A composição do Segundo Pilar está assim revelada. Sua construção aguarda o trabalhador disposto que aplicará suas energias mentais com habilidade.

TERCEIRO PILAR — INTEGRIDADE

4

Não existe barganha com a prosperidade. Ela deve ser adquirida não só com o trabalho habilidoso, mas também com a força moral. Assim como uma bolha não dura, o impostor não prospera. Ele faz um esforço apaixonado para adquirir dinheiro, e depois desmorona.

Nada jamais é ganho, nada pode jamais ser ganho, por meio de fraude. Os ganhos são extorquidos por algum tempo, para ser novamente devolvidos com pesados juros. Mas a fraude não está restrita ao vigarista inescrupuloso. Todos que obtêm ou tentam obter dinheiro sem oferecer um equivalente praticam fraude, quer saibam disso ou não. Pessoas que ansiosamente planejam como obter dinheiro sem trabalhar para tanto, são impostoras e, mentalmente, estão estreitamente ligadas ao ladrão e ao vigarista, que mais cedo ou mais tarde vão influenciá-la e privá-la de seu capital. O que é um ladrão senão uma pessoa que leva a seu extremo lógico o desejo de possuir sem oferecer um justo retorno — isto é, ilegalmente? Quem almeja a prosperidade deve, em todas as transações, sejam elas materiais ou mentais, estudar como dar um justo retorno por aquilo que recebe. Este é o grande princípio fundamental em todo comércio sadio, ao passo que nas coisas espirituais ele se torna o ato de fazer para os outros o que gostaríamos que fizessem para nós, e, aplicado às forças do universo, é cientificamente expresso no fundamento "ação e reação são iguais".

A vida humana é recíproca, não predatória, e quem considera todos os outros como sua legítima presa logo se verá desamparado no deserto da ruína, longe do caminho da prosperidade. Esse indivíduo está muito atrasado no processo evolutivo para enfrentar com sucesso as pessoas honestas. As mais aptas, as melhores, sempre sobrevivem, enquanto esse indivíduo não pode prosseguir. Seu fim, a menos que mude com o tempo, será certamente o casebre imundo ou o lugar dos párias abandonados. Seus esforços

A PESSOA ÍNTEGRA ESTÁ EM SINTONIA COM AS LEIS ESTABELECIDAS DE TUDO QUE HÁ – NÃO SÓ COM OS PRINCÍPIOS FUNDAMENTAIS EM QUE A SOCIEDADE HUMANA SE BASEIA, MAS COM AS LEIS QUE MANTÊM O VASTO UNIVERSO COESO.

são destrutivos e não construtivos, e, por conseguinte, ele destruirá a si mesmo.

Foi Carlyle que, referindo-se ao fato de que Maomé é universalmente considerado um impostor pelos cristãos, exclamou: "Um impostor fundou uma religião! Um impostor não seria capaz de construir uma casa de tijolos." Um impostor, um mentiroso, um trapaceiro, um desonesto não é capaz de construir porque não possui nem as ferramentas nem o material com que fazê-lo. Pessoas assim não são mais capazes de formar uma empresa, um caráter, uma carreira, um sucesso, do que de fundar uma religião ou construir uma casa de tijolos. Impostores não constroem nada, e, além disso, empenham todas as energias para solapar o que outras pessoas construíram; entretanto, sendo isso impossível, eles solapam a si mesmos.

Sem integridade, a energia e a economia falham, mas se forem auxiliadas pela integridade, sua força será potencializada. Não há nenhuma ocasião na vida em que o fator moral não desempenhe um papel importante. A integridade genuína produz efeito onde quer que esteja, carimba a sua marca em todas as transações; e faz isso graça à sua maravilhosa congruência e solidez, e à sua força invencível. Pois a pessoa íntegra está em sintonia com as leis estabelecidas de tudo que há — não só com os princípios fundamentais em que a sociedade humana se baseia, mas com as leis que mantêm o vasto universo coeso. Quem deixará de fazer caso disso? Quem, então, poderia solapar uma pessoa de ilibada integridade? Ela é como a árvore forte cujas raízes são alimentadas por fontes perenes e que nenhuma tempestade pode derrubar.

Para ser completa e forte, a integridade deve abarcar a pessoa como um todo e estender-se a todos os detalhes de sua vida; deve também ser contínua e permanente de modo a resistir a toda tentação a se desviar e transigir. Falhar num ponto é falhar em todos, e admitir, sob estresse, uma

QUEM TRABALHA COM CUIDADO E DILIGÊNCIA NÃO IMPORTA SE O PATRÃO ESTÁ PRESENTE OU AUSENTE, NÃO PERMANECERÁ POR MUITO TEMPO EM POSIÇÃO INFERIOR. TAL INTEGRIDADE NO DEVER, NA EXECUÇÃO DOS DETALHES DE SEU TRABALHO, RAPIDAMENTE VAI CONDUZIR ESSA PESSOA PARA AS REGIÕES FÉRTEIS DA PROSPERIDADE.

concessão à falsidade, por mais necessária e insignificante que essa concessão possa parecer, é lançar por terra o escudo da integridade e ficar exposto aos ataques do mal.

Quem trabalha com cuidado e diligência não importa se o patrão está presente ou ausente, não permanecerá por muito tempo em posição inferior. Tal integridade no dever, na execução dos detalhes de seu trabalho, rapidamente vai conduzir essa pessoa para as regiões férteis da prosperidade.

Indolentes, por outro lado — aqueles que não têm escrúpulos em negligenciar o seu trabalho quando seu patrão não está por perto, roubando-o assim do tempo e do trabalho pelos quais é pago —, rapidamente chegarão à região estéril do desemprego e procurarão trabalho em vão.

Ademais, para as pessoas que não estão profundamente enraizadas na integridade, chegará um momento em que parecerá necessário para suas perspectivas e prosperidade que elas digam uma mentira ou façam uma coisa desonesta — me refiro às pessoas que não estão profundamente enraizadas nesse princípio, pois as de integridade determinada e esclarecida sabem que mentira e desonestidade nunca podem, em circunstância alguma, ser necessárias. Pessoas esclarecidas não precisam, nem podem, ser tentadas a fazer isso; quem sofre tal influência, porém, deve ser capaz de ignorar a sutil insinuação de falsidade que, num momento de indecisão e perplexidade, surgir dentro de si, e se apoiar firmemente no princípio, estando disposto a perder e sofrer, em vez de afundar na obliquidade. Só desta maneira a pessoa pode se tornar iluminada com relação a esse princípio moral e descobrir a feliz verdade: a integridade não leva à perda e ao sofrimento, mas ao ganho e à alegria; a honestidade e a privação não são, e não podem ser, relacionadas como causa e efeito.

É essa disposição para preferir se sacrificar a ser falso que leva à iluminação em todas as esferas da vida; quem, em vez de sacrificar algum objetivo egoísta, irá mentir ou enganar, abriu mão de seu direito à iluminação moral, e toma seu lugar mais abaixo entre os devotos da mentira, entre os praticantes de transações obscuras, aqueles sem nenhum caráter e nenhuma reputação.

Uma pessoa não está verdadeiramente blindada com a integridade se ainda for capaz de mentir ou de enganar, seja por gesto, palavra ou ação; se ainda não se vê, com nitidez e abertamente, livre de toda dúvida e dos efeitos mortais de tal torpeza. Quem é esclarecido nesse sentido está protegido por todos os lados, e não pode ser prejudicado por indivíduos desonestos tanto quanto o sol não pode ser arrancado do céu por loucos, e as flechas do egoísmo e da perfídia que podem ser arremessadas contra ele ricochetearão da forte armadura de sua integridade e do brilhante escudo de sua retidão, deixando-o ileso e incólume.

Um comerciante mentiroso dirá que ninguém pode prosperar se for honesto nestes dias de acirrada concorrência. Mas como ele pode saber disso, uma vez que nunca tentou ser honesto? Além disso, um homem assim não tem nenhum conhecimento da honestidade, e sua afirmação é, portanto, uma afirmação de ignorância, e a ignorância e a falsidade cegam a pessoa de tal maneira que ela imagina tolamente que todos são tão ignorantes e falsos quanto ela mesma. Conheci comerciantes assim, e os vi chegar à ruína. Uma vez ouvi um homem de negócios fazer a seguinte declaração numa reunião pública: "É impossível ser inteiramente honesto nos negócios, só quase honesto." Ele imaginava que sua declaração revelava a condição do mundo dos negócios; porém, *ela revelava sua própria condição*. Aquele homem estava meramente informando à sua plateia que era desonesto, mas sua ignorância, de cunho moral, o impedia de ver isso. Quase honestidade é nada além de outra designação para desonestidade. A pessoa que se desviou um pouco do caminho reto vai se desviar mais. Ela não segue nenhum princípio de justiça e está pensando somente em vantagem própria. Que ela se convença de que *sua* desonestidade é de um tipo inocente e inofensivo, e de que ela não é tão má quanto seu vizinho, é apenas uma das muitas formas de ilusão que a ignorância de princípios morais cria.

A conduta correta entre as pessoas nas variadas relações e transações da vida é a própria alma da integridade. Ela inclui a honestidade, porém é mais do que isso. Trata-se da espinha dorsal da sociedade humana e a sustentação das instituições. Sem ela não haveria nenhuma confiança, nenhuma fé entre as pessoas, e o mundo dos negócios desabaria.

Assim como o mentiroso pensa que todos são mentirosos e os trata como tais, o íntegro trata todos com confiança. Ele acredita nas pessoas, e as pessoas acreditam nele. Sua visão lúcida e sua generosidade envergonham os impostores de modo que estes não conseguem trapaceá-lo. Como Emerson o expressou tão bem: "Confie nos homens e eles lhe serão fiéis, ainda que façam uma exceção em seu favor a todas suas normas de transação."

A própria presença da pessoa direita impõe a moralidade das que estão à sua volta, tornando-as melhores do que eram. Somos fortemente influenciados uns pelos outros, e como o bem é mais poderoso que o mal, a pessoa forte e boa tanto envergonha quanto eleva aquelas a sua volta que são fracas e más.

Pessoas íntegras carregam consigo uma grandeza inconsciente que ao mesmo tempo amedronta e inspira. Tendo se elevado acima da mesquinhez, da maldade e da falsidade, confusos, esses vícios covardes se esquivam de sua presença. O mais elevado dom intelectual não pode se comparar com essa elevada grandeza moral. Na memória das pessoas e na estima do mundo, quem é íntegro ocupa um lugar mais elevado do que quem é brilhante. Buckminster diz: "A grandeza moral de uma integridade independente é a coisa mais sublime na natureza." Ela é a qualidade humana que produz os heróis. Pessoas de retidão inabalável são, intrinsecamente, sempre heroínas. Basta surgir uma oportunidade para que esse elemento heroico seja evidenciado. Pessoas assim também encontram-se permanentemente felizes. Os gênios podem ser muito infelizes, mas não os íntegros. Nada — nem doença, nem calamidade, nem morte — pode privá-las da contínua satisfação que é inerente à integridade.

A retidão conduz diretamente à prosperidade por quatro degraus sucessivos. Primeiro, a pessoa reta conquista a confiança das outras. Segundo, tendo ganhado sua confiança, recebe delas crédito. Terceiro, esse crédito, nunca sendo violado, produz boa reputação; e quarto, uma boa reputação se espalha aos quatro ventos e assim gera sucesso.

A desonestidade tem o efeito contrário. Destruindo a confiança dos outros, produz neles ceticismo e descrédito, os quais geram uma má reputação, que culmina em fracasso.

O Pilar da Integridade é mantido coeso por estes quatros elementos:

1. Honestidade
2. Destemor
3. Determinação
4. Invencibilidade

A *honestidade* é o caminho mais seguro para o sucesso. Sempre chega o dia em que a pessoa desonesta sofre de arrependimento; mas ninguém jamais se arrepende de ter sido honesto. Mesmo quando as pessoas honestas fracassam — como às vezes acontece por falta de outro desses pilares, como energia, economia ou sistema, seu fracasso não é tão doloroso quanto o é para as desonestas, porque elas sempre podem se alegrar com o fato de nunca terem trapaceado alguém. Mesmo nas situações mais difíceis, as honestas encontram paz em sua consciência limpa.

Pessoas ignorantes imaginam que a desonestidade é um atalho para a prosperidade. É por isso que a praticam. Quem é desonesto é moralmente míope. Como o bêbado que vê o prazer imediato de seu hábito, mas não a degradação final, elas veem o efeito imediato de um ato desonesto — um maior lucro —, mas não seu resultado final; não enxergam que a sucessão de atos espúrios inevitavelmente há de solapar seu caráter e provocar a ruína de seu negócio. Enquanto embolsa seus ganhos e pensa em como consegue ludibriar os outros por ser tão esperta, a pessoa desonesta está o tempo todo enganando a si mesma, e cada moeda ganha desse modo *deverá* ser devolvida com juros. Não há como escapar desse justo castigo. Essa gravitação moral é tão certa e invariável quanto a gravitação física de uma pedra para a terra.

O comerciante que pede a seus vendedores que ajam desse modo, que adultera suas mercadorias para os fregueses, está se cercando por todos os lados de suspeita, desconfiança e ódio. Ao mesmo tempo que se corrompem realizando um trabalho sujo, até os moralmente fracos que seguem suas instruções o desprezam. Como pode o sucesso prosperar numa atmosfera tão venenosa? O espírito da ruína já está numa empresa como essa, e o dia de sua queda está decretado.

Uma pessoa honesta pode fracassar, mas nunca por ser honesta, e seu fracasso será honroso, não prejudicará seu caráter e sua reputação. Aliás, seu fracasso, que sem dúvida resultou de sua falta de habilidade em determinada direção, será um meio de conduzi-la para algo mais adequado a seus talentos, e assim ao êxito final.

O *destemor* acompanha a honestidade. Pessoas honestas têm um olhar atento e firme. Olham para seus semelhantes no rosto, e sua fala é direta e convincente.

Pessoas mentirosas e trapaceiras olham para baixo, seus olhos são obtusos e seu olhar é oblíquo. Não são capazes de encarar as outras nos olhos e sua fala, ambígua e pouco convincente, desperta desconfiança.

Quem cumpre suas obrigações não tem nada a temer. Todas as suas relações de negócios estão seguras e protegidas. Não há nada a esconder em seus métodos e suas ações. Caso atravesse um momento difícil e contraia dívidas, as pessoas confiarão nele e estarão dispostas a esperar pelo pagamento, e todas as suas dívidas serão pagas. Quem é desonesto evita pagar o que deve, vive com medo; os honestos tentam evitar dívidas, mas, se assim acontece, não se abalam e redobram seus esforços para conseguir pagá-las.

Desonestos estão sempre com medo. Não temem se endividar, mas temem ter de pagar. Temem seus semelhantes, temem as autoridades, temem os resultados do que fazem e vivem sob o constante temor de que suas más ações sejam reveladas, e das consequências que podem a qualquer momento surpreendê-los.

Pessoas honestas estão livres de todo o fardo do medo. São despreocupadas e andam com a cabeça erguida entre seus semelhantes; não fingindo ser quem não são, e se escondendo e se encolhendo, mas sendo elas mesmas e encarando o mundo. Como não enganam nem prejudicam ninguém, pessoas assim não têm ninguém a temer, e qualquer coisa contra elas só pode redundar em seu proveito.

E esse destemor é, em si mesmo, um forte apoio na vida, sustentando a pessoa em todas as emergências, permitindo-lhe lutar corajosamente com as dificuldades e obter o sucesso do qual não pode ser privada.

A *determinação* é o resultado direto daquela força de caráter que a integridade promove. A pessoa íntegra apresenta objetivos diretos e propósitos fortes e inteligentes. Ela não faz conjecturas nem age na obscuridade. Todos os seus planos têm em si algo daquela fibra moral de que seu caráter é forjado. De certo modo, o trabalho sempre reflete quem o realizou, e a pessoa de integridade sólida é uma de plano sólido. Ela pondera, considera e olha para a frente, e assim tem menos chances de errar gravemente ou de se enrascar num dilema do qual é difícil escapar. Adotando uma visão moral de todas as coisas, e sempre considerando consequências morais, ela permanece num terreno mais firme e mais elevado que as pessoas de mero bom senso e conveniência; e, ao mesmo tempo que dispõe de uma visão mais ampla de qualquer situação, exerce o maior poder que lhe é conferido através de uma compreensão mais abrangente dos princípios envolvidos. A moralidade sempre tem a vantagem da oportunidade. Seus propósitos sempre descem muito abaixo da superfície, sendo, portanto, mais firmes e seguros, mais fortes e duradouros. A integridade tem também uma objetividade congênita que nos permite atingir diretamente o alvo definido em tudo que fazemos, e que torna o fracasso quase impossível.

Os fortes têm propósitos fortes, e propósitos fortes levam a realizações fortes. A pessoa íntegra é acima de tudo *forte*, e essa força é manifestada no rigor com que ela conduz o negócio de sua vida; rigor que impõe respeito, admiração e sucesso.

A *invencibilidade* é um protetor glorioso, mas ela só auxilia o indivíduo cuja integridade é perfeitamente pura e inatacável. Jamais violar, nem mesmo no mais insignificante detalhe, o princípio da integridade, é ser invencível contra todas as investidas de insinuação, calúnia e deturpação. A pessoa que fracassou em um ponto está vulnerável, e o dardo no mal, penetrando nesse ponto, a derrubará como a flecha no calcanhar de Aquiles. A pura e perfeita integridade é à prova de todo ataque e lesão, e permite enfrentar toda oposição e perseguição com intrépida coragem e sublime equanimidade. Nenhuma quantidade de talento, intelecto ou tino comercial pode dar a alguém a capacidade mental e a paz de espírito advindas da aceitação e da observância de princípios morais elevados. A força moral é o maior dos poderes. Se a pessoa que busca uma verdadeira prosperidade descobrir essa força, se a estimular e a desenvolver em sua mente e em seus atos, quando alcançar o sucesso tomará seu lugar entre os mais fortes líderes da terra.

Assim é o forte e adamantino Pilar da Integridade. Abençoada e próspera, acima de todas as demais, será a pessoa que incorpora essa incorruptível alvenaria ao templo de sua vida.

QUARTO PILAR – SISTEMA

5

—

Sistema é o princípio de ordem que torna impossível a confusão. Na ordem natural e universal tudo está em seu lugar, de modo que o vasto universo funciona melhor que a mais perfeita máquina. A desordem no espaço significaria a destruição do universo; e a desordem nos negócios destrói o trabalho e a prosperidade.

Todas as organizações complexas são constituídas por sistemas. Nenhuma empresa ou sociedade pode alcançar grandes dimensões sem esse princípio, que é, sobretudo, o instrumento do comerciante, do empresário e do gestor de instituições.

Há muitas áreas em que uma pessoa desorganizada pode ter sucesso — embora a atenção à ordem pudesse potencializá-lo —, mas ela não será bem-sucedida nos negócios, a não ser que os coloque inteiramente nas mãos de um administrador sistemático a fim de suprir sua própria deficiência.

Todas as grandes corporações foram desenvolvidas ao longo de linhas sistemáticas bem definidas, e qualquer violação delas seria desastrosa para a eficiência e a prosperidade do negócio. Empresas complexas ou outras organizações são construídas como os organismos complexos na natureza, mediante escrupulosa atenção aos detalhes. Pessoas desorganizadas pensam que podem negligenciar todas as coisas exceto o objetivo principal, mas, ao ignorar os meios, frustram o fim. Quando os detalhes se desconcertam, os organismos perecem; da mesma forma, quando as minúcias são negligenciadas, nenhum trabalho ou rendimento pode lograr.

Pessoas desorganizadas desperdiçam uma enorme quantidade de tempo e energia. O tempo desperdiçado procurando objetos, por exemplo, teria sido suficiente para permitir alcançar qualquer sucesso caso eles estivessem guardados de maneira organizada. Pessoas desleixadas nunca sabem onde as coisas estão e gastam muito tempo procurando o que precisam. Na irritação, mau humor e desgosto causados por essa procura diária, gasta-se tanta energia quanto a que seria necessária para construir uma grande empresa, ou escalar as mais elevadas altitudes de realização em qualquer direção.

Pessoas organizadas poupam tempo e energia. Elas nunca perdem coisa alguma e por isso não precisam encontrar nada. Tudo está em seu lugar e pode ser imediatamente alcançado, mesmo no escuro. Pessoas assim conseguem ser calmas e ponderadas, e então podem usar suas energias mentais em algo mais proveitoso que irritação e mau humor, ou para acusar os outros pela própria bagunça.

Há uma espécie de genialidade na sistematização capaz de realizar maravilhas com facilidade. Uma pessoa sistemática consegue concluir uma quantidade tão grande de trabalho num tempo tão curto, e sem se cansar tanto, que seu resultado parece quase milagroso. Ela escala os picos do sucesso enquanto um concorrente desleixado chafurda desesperadamente nos pântanos da confusão. Sua rigorosa observância da lei e da ordem lhe permite alcançar seus objetivos rápida e tranquilamente, sem atrito ou perda de tempo.

As exigências da sistematização em todos os departamentos do mundo dos negócios são tão rigorosas quanto os votos sagrados de um santo, e não podem ser violadas no menor detalhe a fim de não comprometer as próprias perspectivas financeiras. No mundo das finanças, a lei da ordem é uma necessidade ferrenha e quem a observa impecavelmente poupa tempo, paciência e dinheiro.

Toda realização duradoura na sociedade humana repousa sobre uma base de sistema; isso é tão verdadeiro que, caso a sistematização fosse suprimida, o progresso cessaria. Pense, por exemplo, nas inúmeras realizações da literatura, nas obras dos autores clássicos e dos mais proeminentes gênios; nos grandes poemas, nas muitas obras, nas histórias monumentais, nas orações comoventes; pense também no intercurso social da sociedade humana, em suas religiões, seus aparatos legais e seu vasto acervo de conhecimento intelectual. Pense em todos esses maravilhosos recursos e realizações da linguagem e depois reflita que todos eles dependem, para sua origem, crescimento e permanência, do arranjo sistemático de 26 letras, um arranjo que tem resultados inesgotáveis e ilimitáveis graças à sua limitação dentro de certas regras estabelecidas.

Repetindo: todas as maravilhosas realizações da matemática surgiram do arranjo sistemático de dez algarismos; ao passo que a máquina mais complexa, com seus milhares

> **O SISTEMA SIMPLIFICA AQUILO QUE É COMPLEXO, FACILITA AQUILO QUE ERA DIFÍCIL; RELACIONA UMA INFINITA VARIEDADE DE DETALHES DA ÚNICA LEI E ORDEM CENTRAL E ASSIM PERMITE QUE ELA SEJA TRATADA E EXPLICADA COM PERFEITA REGULARIDADE, E SEM QUALQUER SINAL DE CONFUSÃO.**

de peças funcionando juntas, suave e quase silenciosamente para a realização do fim para o qual ela foi planejada, foi produzida pela sistemática observância de um pequeno número de leis mecânicas.

Nisto vemos que o sistema simplifica aquilo que é complexo, facilita aquilo que era difícil; relaciona uma infinita variedade de detalhes da única lei e ordem central e assim permite que ela seja tratada e explicada com perfeita regularidade, e sem qualquer sinal de confusão.

O cientista nomeia e classifica a miríade de detalhes do universo — do rotífero microscópico à estrela telescópica — observando o princípio do sistema, de modo que, dentre muitos milhões de objetos, é possível fazer referência a um deles em particular em no máximo alguns minutos. Essa capacidade de rápidas referências e comunicação é de extrema importância para todas as áreas de conhecimento e atividades, pois a quantidade de tempo e trabalho poupados para a humanidade é tão grande que parece incompatível com a ação. E isso se aplica a sistemas religiosos, políticos, comerciais e muitos outros, o que indica que tudo na sociedade humana está soldado pela capacidade aglutinadora da ordem.

O sistema é, de fato, um dos grandes princípios fundamentais no progresso e na aglutinação em um todo completo — na união dos bilhões de seres humanos do mundo, ainda que cada um esteja lutando por um lugar e competindo com os demais ao perseguir seus objetivos e interesses particulares.

Vemos aqui como o princípio é aliado da grandeza, visto que muitas unidades individuais cujas mentes estão menos adestradas para a disciplina sistemática podem, desse modo, ser mantidas em seus lugares pelo poder organizador dos relativamente poucos que percebem a necessidade urgente, inescapável, de estabelecer regras fixas e invioláveis, seja nos negócios, no direito, na religião, na ciência ou na política. Decerto, em todas as esferas da atividade humana, para que dois seres humanos se encontrem, eles precisam de algum terreno comum de compreensão de modo a evitar confusão; em suma, de algum *sistema* que regule suas ações.

A vida é curta demais para a desordem. O conhecimento cresce e o progresso avança ao longo de avenidas de sistema que impedem retardo e retrocesso. A pessoa que sistematiza seu conhecimento ou negócio o simplifica e o aprimora para seu sucessor, permitindo que este comece, com uma mente livre, do ponto onde ela parou.

Todo negócio de grande porte tem um sistema que operacionaliza seu imenso aparato, permitindo que funcione como uma máquina bem calibrada e azeitada. Um amigo que é um notável homem de negócios me disse certa vez que poderia abandonar sua empresa por um ano e ela funcionaria sem percalços até seu retorno. Esse amigo de fato se ausenta dela por vários meses, enquanto está viajando, e na volta todas as pessoas, todas as ferramentas, livros e máquinas, até o mais ínfimo detalhe, seguem operando devidamente, como quando ele partiu; e sem ter surgido nenhuma dificuldade, nenhuma confusão.

Não pode haver sucesso apreciável na ausência de amor pela regularidade e pela disciplina; e a eliminação do atrito, assim como o sossego e a eficiência mental, nascem dessa regularidade. As pessoas que detestam disciplina, cujas mentes são desgovernadas e anárquicas, e que são desatentas e irregulares em seus pensamentos, hábitos e na gestão de seus negócios, não podem ser tão bem-sucedidas e prósperas. Elas enchem a vida com numerosas preocupações, dificuldades e pequenos aborrecimentos que desapareceriam se seguissem uma regulação adequada.

Uma mente não sistemática não está treinada e é tão incapaz de enfrentar mentes disciplinadas na disputa da vida quanto um atleta não treinado é incapaz de enfrentar um adversário bem-preparado nas disputas atléticas. A mente mal disciplinada, que pensa que qualquer coisa é suficiente, fica rapidamente para trás das bem disciplinadas, convencidas de que somente o melhor bastará na árdua competição pelos prêmios da vida, sejam eles materiais, mentais ou morais. A pessoa que, ao chegar ao trabalho, não consegue encontrar suas ferramentas, ou conciliar seus números, ou encontrar a chave de sua escrivaninha, precisará lidar com os problemas que ela mesma gera, enquanto o vizinho metódico estará escalando livre e alegremente as alturas estimulantes do sucesso. A pessoa cujo método é desleixado ou complicado, ou atrasado em comparação com os mais recentes desenvolvidos por mentes qualificadas, só pode culpar a si mesma diante das más perspectivas e deve tomar consciência da necessidade de adotar métodos mais especializados e eficazes em sua empresa. Ela deve tirar proveito de toda invenção e ideia que lhe permitirão poupar tempo e trabalho e a ajudarão em rigor, reflexão e rapidez.

Sistema é a lei pela qual todas as coisas — todo organismo, empresa, caráter, nação, império — são construídas. Pelo acréscimo de célula a célula, departamento a departamento, pensamento a pensamento, lei a lei e colônia a colônia numa sequência e classificação ordenadas, todas as coisas, empresas e instituições crescem em magnitude e evoluem para a plenitude. Quem aperfeiçoa continuamente seus métodos aprimora sua capacidade de construção; é portanto apropriado que uma pessoa empreendedora seja engenhosa e inventiva na melhoria de seus métodos, pois os construtores — de uma catedral ou de um caráter, de empresas ou de religiões — são os indivíduos fortes da Terra, além de os protetores e pioneiros da humanidade. O construtor sistemático é um ser que cria e preserva, ao passo que a pessoa desordenada demole e destrói. Nenhum limite pode ser imposto ao crescimento dos poderes de um indivíduo, à completude de seu caráter, à influência de sua organização ou à extensão de sua empresa, contanto que ela preserve intacta a disciplina da ordem e tenha cada detalhe em seu lugar, dedique cada departamento à sua tarefa especial e classifique tudo com eficiência e perfeição suficientes para, a qualquer momento, submeter à análise ou requisitar até o mais remoto detalhe relacionado ao seu trabalho especial.

Em sistema estão contidos estes quatro elementos:

1. Prontidão
2. Precisão
3. Utilidade
4. Abrangência

Prontidão é vitalidade. É aquela capacidade de vigilância que nos permite apreender e lidar com qualquer situação imediatamente. Adotar uma sistematização estimula e desenvolve essa capacidade. O general bem-sucedido deve ser capaz de perceber de pronto qualquer movimento novo e inesperado do inimigo; assim também todo empreendedor deve ter a prontidão para lidar com qualquer acontecimento imprevisto que afete seus negócios; e assim também as pessoas razoáveis devem ser capazes de lidar com os detalhes de quaisquer novos problemas que possam surgir.

O adiamento é um vício fatal para a prosperidade, uma vez que resulta em incapacidade e estupidez. Pessoas de mãos, corações e cérebros diligentes, que sabem o que estão fazendo e trabalham com método, habilidade e rapidez suave mas efetiva, são as que pouco precisam visar à prosperidade como um fim, pois esta virá até elas mesmo que não a procurem. O sucesso corre atrás dessas pessoas, bate à sua porta; e elas lhe fazem jus inconscientemente graças à excepcional excelência de suas capacidades e métodos.

A *precisão* é de suprema importância em todas as companhias e organizações comerciais, mas não há precisão que prescinda de sistematização, e um sistema em parte imperfeito fará seu criador incidir em erros em parte desastrosos até ser aperfeiçoado.

A imprecisão é uma das falhas mais comuns porque está estreitamente relacionada à autodisciplina. A autodisciplina, juntamente com a alegre sujeição à disciplina externa que ela envolve, é um indício de elevada cultura moral que a maioria de nós ainda não alcançou. Se, ao pensar que sabe mais, a pessoa imprecisa não está disposta a se sujeitar à disciplina do patrão ou instrutor, sua deficiência nunca poderá ser sanada, e assim ela estará restrita a uma posição inferior, caso isso ocorra no mundo dos negócios; ou a um conhecimento inferior, caso ocorra no mundo intelectual.

A prevalência do vício ou da imprecisão (e, considerando seus desastrosos efeitos, ela deve mesmo ser considerada um vício, embora talvez um dos menores) é muito evidente para qualquer observador no modo com que a maioria das pessoas relata uma situação ou repete uma simples afirmação. Ela é quase sempre tornada inverídica por imprecisões mais ou menos acentuadas. Poucas pessoas (não contando as que mentem deliberadamente) se treinaram para ser precisas no que dizem ou são cuidadosas a ponto de admitir que podem errar, e muitas inverdades e equívocos decorrem dessa forma tão comum de imprecisão.

Em geral, as pessoas se esforçam para ser precisas no que fazem, e não tanto no que dizem, e mesmo assim a imprecisão é muito comum, tornando muitas delas ineficientes e incompetentes e incapacitando-as para qualquer esforço vigoroso e contínuo. Quem por hábito usa uma parte de seu tempo ou do tempo do empregador para tentar corrigir os próprios erros, ou para corrigir erros que precisam da ajuda de outra pessoa, não manterá uma posição no mundo rotineiro; muito menos alcançará um lugar em meio às fileiras dos prósperos.

Obviamente, nunca houve quem não tenha cometido deslizes em seu caminho para o sucesso individual, mas as pessoas capazes e sensatas percebem seus erros e rapidamente

PESSOAS INOVADORAS APRENDEM COM OS PRÓPRIOS ERROS E COM OS DOS OUTROS. ESTÃO SEMPRE PRONTAS PARA TESTAR UM BOM CONSELHO NA PRÁTICA E VISAM APRIMORAR CONTINUAMENTE SEUS MÉTODOS, O QUE SIGNIFICA UMA PERFEIÇÃO CADA VEZ MAIOR.

os corrigem, e ficam felizes quando alguém os aponta. A imprecisão habitual e persistente constitui um vício; pessoas incapazes e mal-intencionadas não enxergarão ou admitirão os próprios erros e se ofenderão quando eles forem apontados a elas.

Pessoas inovadoras aprendem com os próprios erros e com os dos outros. Estão sempre prontas para testar um bom conselho na prática e visam aprimorar continuamente seus métodos, o que significa uma perfeição cada vez maior, pois a precisão é perfeita, e a medida da precisão de alguém é a medida de sua singularidade e perfeição.

A *utilidade*, ou serventia, é o resultado direto do método no trabalho de uma pessoa. O trabalho chega a fins frutíferos e proveitosos quando é realizado de forma sistemática. Se o agricultor quiser colher os melhores produtos, ele deve não somente semear e plantar, mas também semear e plantar no momento certo; ou seja, para que o trabalho frutifique, ele deve ser realizado de modo oportuno e não devemos deixar passar o momento certo para fazer uma determinada ação.

A utilidade se importa com a finalidade prática das coisas e emprega os melhores recursos para alcançá-la. Ela evita questões secundárias, dispensa teorias e só retém conhecimentos que renderão bons usos na economia da vida.

Pessoas sem senso prático sobrecarregam suas mentes com teorias inúteis e não verificáveis, além de flertarem com o fracasso alimentando especulações que, por sua própria natureza, não podem ser aplicadas na prática. Pessoas que mostram do que são capazes pelo trabalho que realizam, e não em meras conversas e discussões, evitam tagarelice e dilemas metafísicos, e se aplicam à consecução de alguma finalidade boa e útil.

Aquilo que não pode ser reduzido à prática não deveria ter permissão para perturbar nossa mente. Deveria ser deixado de lado, abandonado e ignorado. Recentemente uma pessoa me disse que, se fosse provado que sua teoria não tinha nenhuma finalidade útil, ainda assim ela a conservaria como uma bela teoria. Uma pessoa que opta por se agarrar às chamadas "belas" teorias que comprovadamente não têm qualquer serventia na vida, nenhuma base substancial da realidade, não deve se surpreender se fracassar em seus empreendimentos materiais, posto que é desprovida de senso prático.

Quando desviamos os poderes da mente da teorização especulativa para a atividade prática, seja em direções materiais ou morais, a habilidade, a força, o conhecimento e a prosperidade aumentam. A prosperidade de um indivíduo é medida por sua serventia para a comunidade, e uma pessoa é útil de acordo com o que faz, e não pelas teorias que nutre.

O carpinteiro constrói uma cadeira; o pedreiro ergue uma casa; o mecânico produz uma máquina; o sábio molda um caráter perfeito. O sal da terra não são os cismáticos, os teóricos e os controversos, mas os trabalhadores, os fabricantes e os executores.

Quem deixar de lado as miragens da especulação intelectual e começar a *fazer* alguma coisa, e a fazê-la com toda a sua força, vai adquirir um conhecimento especial, exercer um poder excepcional e alcançar posição e prosperidade singulares entre seus semelhantes.

A *abrangência* é a qualidade mental que nos permite lidar com um grande número de detalhes e apreendê-los em sua totalidade, juntamente com o princípio único que os governa e os funde. É uma qualidade exemplar, conferindo capacidade de organizar e governar, e é desenvolvida pela atenção sistemática a detalhes. O comerciante bem-sucedido mantém em sua mente, por assim dizer, todos os detalhes de seu negócio e os regula mediante um sistema adaptado à sua forma particular de comércio. O inventor tem na mente todos os detalhes de sua máquina, bem como sua relação com um princípio mecânico central, e assim aperfeiçoa sua invenção. O autor de um excelente poema ou história relaciona todos os seus personagens e incidentes a um enredo central, e assim produz uma obra literária complexa e duradoura. A abrangência é a capacidade analítica e a capacidade sintética combinadas no mesmo indivíduo. Uma mente de grande capacidade e bem-ordenada, que conserva em suas silenciosas profundezas um exército de detalhes em seu arranjo e ordem funcional corretos, é a mente que está próxima da genialidade, mesmo que ainda não a tenha atingido. Nem toda pessoa pode ser um gênio e tampouco precisa ser, mas pode estar desenvolvendo gradualmente sua capacidade mental mediante cuidadosa atenção à sistematização em seus pensamentos e negócios, e, à medida que seu intelecto se aprofunda e se alarga, suas capacidades serão intensificadas e sua prosperidade, acentuada.

Estes são, portanto, os quatro pilares do Templo da Prosperidade, e por si sós eles bastam para sustentá-lo permanentemente sem a adição dos quatro restantes. Quem se aperfeiçoa em Energia, Economia, Integridade e Sistema alcançará um sucesso duradouro no trabalho de sua vida, seja qual for a natureza dele. É impossível que uma pessoa cheia de energia, que economiza tempo e dinheiro com zelo, que administra virtuosamente sua vitalidade, que age com inabalável integridade e que sistematiza sua mente e seu trabalho, venha a fracassar.

Os esforços dessa pessoa serão empregados de forma correta e com energia concentrada, de modo que eles serão eficazes e frutíferos. Além disso, ela alcançará uma dignidade tamanha que, inconscientemente, inspirará respeito e sucesso e fortalecerá os mais fracos apenas pela sua presença. "Viste um homem diligente na sua obra? Perante reis será posto; não será posto perante os de baixa sorte", dizem as Escrituras acerca de alguém assim. Tal indivíduo não vai suplicar, nem lamuriar, nem se queixar ou culpar os outros com cinismo. Será demasiado forte, puro e honrado para descer tão baixo. E, permanecendo assim elevado na nobreza e integridade de seu caráter, ocupará um lugar elevado no mundo e será prestigiado por todas as pessoas. Seu sucesso será certo e sua prosperidade durará. "Ele resistirá e não cairá na batalha da vida."

QUINTO PILAR — COMPAIXÃO

6

___

Restam os quatro pilares centrais no Templo da Prosperidade. Eles lhe dão mais força e estabilidade e ampliam tanto sua beleza quanto sua utilidade. Contribuem enormemente para sua atratividade, porque pertencem à mais elevada esfera moral, conferindo a você, portanto, grande beleza e nobreza de caráter. Tais pilares, de fato, engrandecem o indivíduo e o colocam entre os relativamente poucos cujas mentes são raras, que brilham à parte em pureza cristalina e vívida inteligência.

A compaixão não deveria ser confundida com aquele sentimento piegas e superficial que, como uma bela flor sem raiz, logo perece e não deixa para trás nem semente nem fruto. Ter crises histéricas por aqueles que sofrem em outro país não é compaixão. Tampouco os rompantes de indignação contra as crueldades e injustiças de outros, nem qualquer indicação de uma mente solidária da parte de quem é cruel em casa. Se esse mesmo indivíduo que se mostra tão indignado com essas agruras acossa sua esposa, ou bate em seus filhos, ou maltrata seus funcionários, ou lança em seus vizinhos comentários de amargo sarcasmo, quanta hipocrisia há em sua profissão de amor por pessoas que estão fora de sua esfera de influência! Que sentimento raso informa seus rompantes de indignação contra a injustiça e dureza de coração do mundo à sua volta.

Emerson diz de tais pessoas: "Vai, ama teu filho; ama quem corta tua madeira; sê bondoso e modesto; tende aquela graça; e nunca envernize tua dura e inclemente ambição com essa inacreditável ternura pelos necessitados a milhares de milhas de distância. Teu amor à distância é malevolência em casa." A prova do valor de uma pessoa está em seus atos imediatos e não em sentimentos extravagantes; e se esses atos forem sempre informados com egoísmo e amargura, se os que estão em casa ouvem sua chegada com medo e se sentem felizes e aliviados com a sua partida, como são vazias suas expressões de compaixão pelos sofredores ou oprimidos, como é fútil sua participação em uma sociedade filantrópica!

Embora o poço da compaixão possa nutrir a fonte de lágrimas, essa fonte se alimenta com mais frequência do escuro poço do egoísmo, pois quando o egoísmo é frustrado, se consome em lágrimas.

A compaixão é uma ternura profunda, silenciosa e inexprimível que se revela num caráter constantemente gentil e abnegado. As pessoas compassivas não são efusivas e espasmódicas; pelo contrário, são permanentemente autocontidas, firmes, calmas, despretensiosas e benévolas. Sua atitude imperturbável diante do sofrimento de outrem muitas vezes é confundida com indiferença pelas mentes superficiais, mas o olho compassivo e perspicaz reconhece — em sua força serena e em sua rapidez para ajudar enquanto outros choram e torcem as mãos — a mais profunda e sólida compaixão.

A falta de compaixão se revela no cinismo, no sarcasmo mesquinho, na zombaria amarga, na provocação e na troça, na raiva e na condenação, bem como naquele sentimento mórbido e falso que é uma compaixão teórica e fingida, sem base na prática.

A falta de compaixão decorre do egoísmo; a compaixão decorre do amor. O egoísmo está envolvido em ignorância; o amor está aliado ao conhecimento. É comum que as pessoas se imaginem separadas de seus semelhantes, com objetivos e interesses individuais; e que vejam a si mesmas como corretas e aos outros como errados em suas respectivas maneiras. A compaixão é o que nos eleva dessa vida separada e autocentrada e nos conecta com o coração de nossos semelhantes, nos permitindo pensar e sentir com eles. A pessoa compassiva se coloca no lugar do outro e, nesse momento, se torna como o outro. Como Walt Whitman, o herói dos hospitais de campanha,[3] o expressa: "Eu não questiono o ferido." Há uma espécie de impertinência em questionar uma criatura que sofre. O sofrimento pede ajuda e ternura, não curiosi-

---

[3] Walt Whitman (1819-1892) foi um poeta, ensaísta e jornalista estadunidense. Em dezembro de 1862, chegou a Washington, D.C., com a intenção de ficar alguns dias, mas acabou permanecendo ali por dez anos. Durante os primeiros três anos, o grande poeta visitou regularmente os vários hospitais militares do estado e dos arredores, onde se dedicou a levar alegria e companheirismo aos milhares de jovens soldados em sofrimento confinados em seus leitos com feridas, doença ou infecção. No final da guerra civil, Whitman fez mais de seiscentas visitas aos hospitais e falou com cerca de cem mil soldados durante suas rondas. (N.E.)

dade, e pessoas compassivas sentem a aflição e fazem o que podem para aliviá-la.

A compaixão tampouco pode se vangloriar; sempre que o autolouvor se anuncia, a compaixão se retira. Se uma pessoa fala de suas muitas ações bondosas e se queixa do mau tratamento que recebeu em troca, ela não praticou boas ações nem alcançou a modéstia abnegada que é a doçura da compaixão.

Em seu sentido real e profundo, a compaixão é a união com nossos semelhantes em seus esforços e sofrimentos, de modo que a pessoa compassiva é um ser compósito: ela é, por assim dizer, várias pessoas, e é capaz de ver algo de diversos pontos de vista, não apenas do seu. Ela vê com os olhos das outras pessoas, ouve com os ouvidos delas, pensa com suas mentes e sente com seus corações. Assim, o compassivo é capaz de compreender pessoas que são muito diferentes dele mesmo; o sentido da vida delas lhe é revelado, e ele está unido a todas no espírito da boa vontade. Disse Balzac: "O desfavorecido me fascina; a fome deles é a minha fome; estou com eles em seus lares; sofro suas privações; sinto os trapos do mendigo sobre as minhas costas; nesse momento eu me torno o homem empobrecido e desprezado." Isso nos lembra das palavras de Alguém maior do que Balzac, de que toda ação praticada em prol de um pequenino que sofre era praticada em Seu nome.

E assim é: a compaixão nos leva para o coração de todos, de modo que nos tornamos espiritualmente unidos aos nossos semelhantes. Quando eles sofrem, sentimos sua

NINGUÉM QUE NÃO TENHA SIDO, AO MENOS EM ALGUMA MEDIDA, "UMA PESSOA QUE SOFREU E ESTÁ FAMILIARIZADA COM A DOR" PODE SENTIR VERDADEIRA COMPAIXÃO. O SOFRIMENTO E A DOR DEVEM TER PASSADO E AMADURECIDO EM FORMA DE UMA BONDADE INATA E UMA CALMA CONSTANTE.

---

dor; quando estão alegres, nos alegramos com eles; quando são desprezados e perseguidos, descemos espiritualmente com eles às profundezas, e sentimos em nosso coração sua humilhação e angústia; quem tem esse espírito coesivo, unificador da compaixão, não será cínico e condenatório, nunca fará julgamentos irrefletidos e cruéis sobre seus semelhantes, porque na ternura de seu coração está sempre com eles seu sofrimento.

Para ter alcançado essa compaixão amadurecida, porém, é preciso ser aquele que amou muito, sofreu muito e sondou as obscuras profundezas da dor. Porque a compaixão brota do contato com as mais profundas experiências, de modo que tenhamos eliminado a presunção, a leviandade e o egoísmo de nosso coração. Ninguém que não tenha sido, ao menos em alguma medida, "uma pessoa que sofreu e está familiarizada com a dor" pode sentir verdadeira compaixão. O sofrimento e a dor devem ter passado e amadurecido em forma de uma bondade inata e uma calma constante.

Sofrer até o ponto em que a aflição chega ao fim, deixando apenas sua sabedoria particular, permite a uma pessoa, onde quer que esse sofrimento volte a se apresentar, compreender e lidar com ele por pura compaixão; e quando a pessoa foi "aperfeiçoada pelo sofrimento" em vários sentidos, ela se torna um local de repouso e de cura para os atormentados e afligidos pelas provações que ela mesma já vivenciou e venceu. Assim como a mãe sente a angústia do filho, as pessoas compassivas sentem as angústias alheias.

Assim é a compaixão mais elevada e santa, mas mesmo aquela que é muito menos sublime é um grande poder para o bem na vida humana e algum grau dela é necessário em toda parte e todos os dias. Embora nos alegremos com o fato de que em todas as áreas da vida existam pessoas verdadeiramente compassivas, percebemos também que rudeza, ressentimento e crueldade são extremamente comuns. Essas características duras provocam sofrimento, e há quem fracasse em seus negócios ou trabalho apenas pela rudeza de caráter. Uma pessoa furiosa e rancorosa, ou dura, fria e calculista, cujas fontes de compaixão secaram em seu interior, ainda que seja alguém competente, dificilmente evitará grandes problemas em seus negócios. Sua insensatez raivosa em um caso ou sua crueldade fria em outro, pouco a pouco, a isolarão de seus semelhantes e daqueles que estão imediatamente relacionados com ela em sua ocupação particular, de modo que os elementos da prosperidade serão eliminados de sua vida. O que há de restar é um fracasso solitário, e talvez um desespero crônico.

Mesmo nas transações comerciais comuns, a compaixão é um fator importante, uma vez que somos atraídos por pessoas de natureza bondosa e cordial e preferimos lidar com elas a lidar com pessoas duras e ameaçadoras. Em todas as esferas em que o contato pessoal direto desempenha um papel importante, o indivíduo compassivo, ainda que de capacidade mediana, sempre ultrapassará o indivíduo mais capaz, porém desprovido de compaixão.

No caso de um pastor ou de um clérigo, por exemplo, um riso cruel ou uma frase rude dele prejudicará gravemente sua reputação e, sobretudo, sua influência, porque mesmo quem admirar suas boas qualidades inconscientemente sentirá, em razão de sua rudeza, menos respeito por ele.

Se um homem de negócios se diz religioso, as pessoas vão esperar ver a boa influência dessa religião em suas transações comerciais. Professar ser um devoto do bondoso Jesus no domingo e, durante todo o resto da semana, agir como devoto de Mamon,[4] duro e ganancioso, prejudicará seu comércio e afetará consideravelmente sua prosperidade.

A compaixão é uma linguagem espiritual universal que todos, até os animais, compreendem e apreciam por instinto, porque todos os seres e criaturas estão sujeitos ao sofrimento, e essa experiência penosa em comum conduz à unidade de sentimento que chamamos de compaixão.

O egoísmo impele as pessoas a se protegerem em detrimento de outrem; já a compaixão as impele a proteger as outras pelo sacrifício próprio, e nesse sacrifício de si não há nenhuma perda verdadeira e definitiva, pois enquanto os prazeres do egoísmo são pequenos e poucos, as bênçãos da compaixão são abundantes.

Talvez se possa perguntar: "Mas como um homem de negócios, cujo objetivo é desenvolver sua atividade, pode praticar o sacrifício próprio?" *Todo homem pode praticar o sacrifício próprio em sua posição, sempre na medida em que é capaz de compreendê-lo.* Se uma pessoa afirma que não pode praticar uma virtude, se estivesse em situação diferente ela ainda insistiria nessa desculpa. A diligência nos negócios não é incompatível com o sacrifício próprio, pois a devoção ao dever, ainda que esse dever seja uma atividade comercial, não é egoísmo e pode, sim, ser uma abnegada devoção. Conheço um empresário que, quando um concorrente que havia tentado

---

[4] De origem hebraica, "Mamon" significa literalmente "dinheiro" e é um termo derivado da Bíblia usado para descrever riqueza material ou cobiça. Na maioria das vezes, é personificado como uma divindade. (N.E.)

A COMPAIXÃO JAMAIS DIFICULTA O SUCESSO. É O EGOÍSMO QUE O ARRUÍNA E DESTRÓI. O AUMENTO DA PROSPERIDADE É DIRETAMENTE PROPORCIONAL AO AUMENTO DA BENEVOLÊNCIA.

"derrotá-lo" acabou causando o próprio fracasso, ajudou-o a se reestabelecer nos negócios novamente. Um ato legítimo e belo de sacrifício. O empresário que o praticou hoje é um dos mais bem-sucedidos e prósperos.

O caixeiro-viajante mais próspero que já conheci transbordava bondade e cordialidade. Ele era tão inocente de todas as armadilhas do comércio quanto um bebê recém-nascido, e seu grande coração e integridade lhe valiam bons amigos onde quer que fosse. As pessoas se alegravam ao recebê-lo em seu escritório, loja ou fábrica, não só pela boa e revigorante influência que ele trazia, mas também porque seu negócio era sólido e confiável. Esse homem era bem-sucedido simplesmente por ser compassivo, dono de uma compaixão tão pura e ingênua que ele próprio talvez negaria que seu sucesso se devesse a isso. A compaixão jamais dificulta o sucesso. É o egoísmo que o arruína e destrói. O aumento da prosperidade é diretamente proporcional ao aumento da benevolência. Todos os interesses são mútuos e se sustentam ou caem juntos. À medida que a compaixão expande nosso coração, expande também nosso círculo de influência, tornando as bênçãos mais abundantes, tanto as espirituais quanto as morais.

São quatro as qualidades que constituem a sublime virtude da compaixão:

1. Bondade
2. Generosidade
3. Gentileza
4. Discernimento

A *bondade*, quando plenamente desenvolvida, não é um impulso passageiro, mas uma qualidade permanente. Um impulso intermitente e incerto não é bondade, embora muitas vezes seja assim chamado. Não há nenhuma bondade no elogio se ele é seguido por abuso. O amor que parece incitar o beijo espontâneo será de pouca valia se for associado a um despeito espontâneo. A dádiva que pareceu tão amável perderá seu valor caso o doador em seguida deseje seu valor de volta. Ter os sentimentos despertados para fazer uma boa ação para outrem por algum estímulo externo agradável para si, e pouco depois ser levado ao extremo oposto para com a mesma pessoa em virtude de um evento

A BONDADE APERFEIÇOA O CARÁTER, EMBELEZA O ROSTO COM O PASSAR DOS ANOS E NOS PERMITE ALCANÇAR O ÊXITO PERFEITO PARA O QUAL NOSSAS CAPACIDADES INTELECTUAIS NOS HABILITAM. A PROSPERIDADE É SUAVIZADA E ENRIQUECIDA PELA BONDADE DE NOSSO CARÁTER.

---

externo desagradável para si deve ser visto como fraqueza de caráter; e é também uma condição egoísta pensarmos apenas em nós mesmos. A bondade verdadeira é imutável e não precisa de nenhum estímulo externo para agir. Ela é uma fonte inesgotável da qual as almas sedentas podem sempre beber. A bondade, quando é uma virtude forte, é concedida não apenas às pessoas que nos agradam, mas também àquelas cujas ações contrariam nosso desejo e vontade, e constitui um fulgor contínuo de acolhimento.

Há algumas ações das quais nos arrependemos: as ações maldosas, por assim dizer. Há outras das quais nunca nos arrependemos: as ações bondosas. Sempre chegará o dia em que nos arrependeremos das crueldades que dissemos e fizemos; mas o dia em que nos sentimos satisfeitos pelas palavras e ações bondosas que dissemos e fazemos é sempre presente.

A maldade desfigura o caráter de um homem, modifica seu rosto à medida que o tempo passa, além de interferir no êxito perfeito que de outro modo ele alcançaria.

A bondade aperfeiçoa o caráter, embeleza o rosto com o passar dos anos e nos permite alcançar o êxito perfeito para o qual nossas capacidades intelectuais nos habilitam. A prosperidade é suavizada e enriquecida pela bondade de nosso caráter.

A *generosidade* acompanha uma maior bondade de coração. Se a bondade é a irmã gentil, a generosidade é o irmão forte. Um caráter livre, pródigo e magnânimo é sempre atraente e influente. A avareza e a mesquinharia são características que sempre repelem; são sombrias, apertadas, estreitas e frias. A bondade e a generosidade atraem; são ensolaradas, cordiais, abertas e calorosas. O que repele contribui para o isolamento e o fracasso; o que atrai contribui para a união e o sucesso.

Doar é um dever tão importante quanto obter; quem obtém tudo que pode e se recusa a doar, por fim se tornará incapaz de obter; pois é também uma lei espiritual que não podemos obter a menos que doemos, assim como não podemos doar a menos que obtenhamos.

Dar sempre foi ensinado como um dever importante por todos os mestres religiosos. O motivo para isso é que doar é uma das estradas para o crescimento pessoal e o progresso. É um meio pelo qual alcançamos um altruísmo cada vez maior, e pelo qual evitamos a recaída no egoísmo. Dar implica reconhecer nosso parentesco espiritual e social com nossos semelhantes, e que estejamos dispostos a abrir mão de uma parte do que obtivemos ou possuímos. A pessoa que, quanto mais obtém, mais anseia acumular e se recusa a abrir mão de seu domínio sobre sua crescente reserva, como um animal selvagem com sua presa, está retrocedendo; ela está se excluindo de todas as qualidades mais elevadas, que geram alegria, e da comunhão livre e edificante com os corações dos altruístas, dos felizes. O personagem Scrooge, em *Um conto de Natal*, de Charles Dickens, representa com vívida nitidez e força dramática a condição desse indivíduo.

Os homens públicos na Inglaterra atual (e provavelmente também nos Estados Unidos) são quase todos (creio que posso dizer todos, pois ainda não encontrei uma exceção) muito generosos. Esses homens — presidentes de câmara municipais, prefeitos, magistrados, conselheiros municipais e vereadores, e todos os outros homens que ocupam cargos públicos de responsabilidade —, sendo indivíduos singularmente bem-sucedidos na gestão dos próprios negócios privados, são considerados os melhores para a gestão dos negócios públicos, e numerosas instituições nobres em todo o país são eternas testemunhas da prodigalidade de suas dádivas. Também não encontrei verdade substancial na acusação, tão frequentemente lançada contra esses homens pelos invejosos e fracassados, de que suas fortunas foram feitas de maneira injusta. Longe de serem perfeitos, eles são uma honrada classe de homens vigorosos, generosos e bem-sucedidos, que adquiriram bens e honra sendo bastante diligentes, competentes e íntegros.

É preciso tomar cuidado, porém, com a ganância, a mesquinharia, a inveja, o ciúme e a desconfiança, pois, se alimentados, roubarão de nós tudo que é melhor na vida — sim, tudo que é melhor nas coisas materiais, bem como tudo que é melhor em caráter e felicidade. Que sejamos liberais de coração e generosos, magnânimos e confiantes, não somente compartilhando alegremente e com frequência aquilo que possuímos, mas concedendo a nossos amigos e semelhantes liberdade de pensamento e ação. Sejamos assim, e honra, abundância e prosperidade baterão à nossa porta pedindo para entrar como amigos e convidados.

A *gentileza* assemelha-se à divindade. Talvez nenhuma qualidade esteja tão afastada de tudo que é grosseiro, brutal e egoísta quanto a gentileza, de modo que quando uma pessoa se torna amável, ela se torna divina. A gentileza só pode ser adquirida após muita experiência e por meio de grande autodisciplina. Só se estabelece em nosso coração depois que controlamos e subjugamos nossa voz animal, adquirindo uma enunciação clara, firme, mas calma, e nos vemos livres de agitação, veemência ou ressentimento diante de circunstâncias irritantes.

Se há uma qualidade que, acima de todas, deve distinguir o religioso, é a gentileza, pois ela é a marca da cultura espiritual. Uma pessoa rude e agressiva é uma afronta para as mentes cultas e os corações altruístas. A palavra inglesa *gentlemen* não se afastou por completo de seu significado original, "homem gentil". Ela ainda se aplica a alguém que é modesto e autocontrolado, atento aos sentimentos e ao bem-estar dos demais. Uma pessoa gentil, cujo bom comportamento é movido pela consideração e pela gentileza, sempre é amada, seja qual for a sua origem. Pessoas irascíveis exibem suas brigas e recriminações — sua ignorância e falta de cultura. Quem se aperfeiçoou em gentileza nunca briga. Nunca devolve uma ofensa; deixa-a sem resposta ou a recebe com uma palavra gentil, que é muito mais poderosa do que a palavra colérica. A gentileza é casada com a sabedoria. Os sábios são aqueles que superaram toda a raiva em si e por isso compreendem como superá-la nos outros.

A GENTILEZA É CASADA COM A SABEDORIA. OS SÁBIOS SÃO AQUELES QUE SUPERARAM TODA A RAIVA EM SI E POR ISSO COMPREENDEM COMO SUPERÁ-LA NOS OUTROS.

As pessoas gentis estão a salvo da maior parte das perturbações e conflitos que afligem as descontroladas. Enquanto estas se desgastam com tensão inútil e desnecessária, aquelas estão sempre tranquilas e serenas, dois pontos fortes para vencer a batalha da vida.

O *discernimento* é o dom da empatia. A mente empática é aquela profundamente capaz de compreender. Nossa compreensão é baseada na experiência, e não no raciocínio. Antes que possamos conhecer uma coisa ou um ser, deve haver uma real conexão. O raciocínio analisa a superfície exterior, mas a empatia chega ao coração. Ao ver o chapéu e o casaco, o cínico pensa que enxerga a pessoa que os veste. O observador empático vê a pessoa que os veste e não se interessa pelas roupas. Em todo tipo de ódio há um distanciamento pelo qual as pessoas julgam mal umas às outras. Em todos os tipos de amor há uma união mística pela qual as pessoas se conhecem umas às outras. A empatia é a mais pura forma de amor do grande poeta, porque ele tem o maior coração. Nenhuma outra figura em toda a literatura mostrou um conhecimento tão profundo do coração

O PRECONCEITO É A GRANDE BARREIRA PARA A COMPAIXÃO E O CONHECIMENTO.

humano e da natureza, tanto animada quanto inanimada, quanto Shakespeare. Mas o Shakespeare *pessoal* não deve ser procurado em suas obras; ele está mesclado, pela empatia, com seus personagens. O sábio e o filósofo; o louco e o tolo, o bêbado e a prostituta — estes Shakespeare conhecia melhor do que eles mesmos. Shakespeare não tem nenhuma predileção, nenhum preconceito; sua compaixão abraça todos, do mais humilde ao mais elevado.

O preconceito é a grande barreira para a compaixão e o conhecimento. É impossível compreender aqueles contra quem se alimenta um preconceito. Só enxergamos as pessoas e as coisas como elas são quando despimos nossa mente de julgamentos. Tornamo-nos capazes de enxergar à medida que nos tornamos solidários. A compaixão é parceira do companheiro.

O coração que sente e o olho que vê são inseparáveis. Pessoas compassivas são proféticas. Seu coração bate em sintonia com todos os corações, e o conteúdo deles lhe são revelados. O passado e o futuro deixam de ser mistérios insolúveis para quem é compassivo. Seu discernimento moral apreende toda a extensão da vida humana.

O discernimento compassivo nos eleva, portanto, à consciência da liberdade, alegria e poder. Nosso espírito passa a inalar alegria como nossos pulmões inalam ar. Todo o medo dos semelhantes, de concorrência, de tempos difíceis, de inimigos etc. se esvai. Essas ilusões abjetas desaparecem, e abre-se diante de nossa visão um reino de grandeza e esplendor.

SEXTO PILAR — SINCERIDADE

7

A sociedade humana se mantém coesa graças à sinceridade. Uma falsidade universal engendraria uma desconfiança universal, que produziria uma desunião universal, se não destruição. A vida se torna equilibrada, saudável e feliz graças à crença profundamente enraizada que temos uns nos outros. Se não acreditássemos no ser humano, não poderíamos negociar, não poderíamos sequer nos relacionar. Na peça *Timon de Atenas*, Shakespeare nos mostra a condição miserável de um homem que, mediante a própria insensatez, perdeu toda a fé na sinceridade da natureza humana. Ele se isola da companhia de todos e, por fim, tira a própria vida. Emerson disse algo parecido: que se o sistema de confiança fosse retirado do comércio, a sociedade se desintegraria, uma vez que esse sistema é um indicador da confiança universal que depositamos uns nos outros. Os negócios, que os míopes e tolos geralmente supõem ser pura fraude e engodo, estão baseados em uma grande confiança: a de que cumpriremos nossas obrigações. O pagamento não é solicitado até que as mercadorias sejam entregues; e o fato de esse sistema permanecer por eras prova que a maioria de nós efetivamente paga suas dívidas e não tem nenhum desejo de evitar tal pagamento.

Apesar de todas as suas deficiências, a sociedade repousa numa forte base de confiança. Sua característica fundamental é a sinceridade. Seus grandes líderes são todos pessoas de sinceridade superlativa; e seus nomes e realizações não perecem, prova de que a virtude da sinceridade é admirada por toda a humanidade.

É fácil para os insinceros imaginar que todo mundo é como eles e falar da "podridão da sociedade" — porém, como poderia algo podre durar era após era? A beleza não está nos olhos de quem vê? As pessoas que não conseguem enxergar nada de bom na constituição da sociedade humana deveriam se examinar. O problema está nelas mesmas. Elas chamam o bem de mal. Detiveram-se com cinismo e impaciência no mal até se tornarem incapazes de ver o bem, e tudo e todos lhes parecem maus. "A sociedade é podre de ponta a ponta",

A SOCIEDADE É TÃO BOA QUE QUEM AGE PARA REALIZAR FINS INTEIRAMENTE EGOÍSTAS NÃO PROSPERA POR MUITO TEMPO E NÃO OCUPA NENHUM LUGAR DE INFLUÊNCIA.

ouvi um homem dizer recentemente; e me perguntou se eu não concordava. Respondi que lamentaria pensar assim; que, embora a sociedade tenha muitos defeitos, ela é boa em seu âmago e contém em si mesma as sementes da perfeição.

A sociedade é tão boa que quem age para realizar fins inteiramente egoístas não prospera por muito tempo e não ocupa nenhum lugar de influência. Essa pessoa logo é desmascarada e contestada; e o fato de que ela possa, mesmo que por um breve período, prosperar à custa da credulidade humana, depõe a favor da confiança inata que possuímos, embora revele alguma falta de sabedoria.

Um ator excelente no palco cenográfico é admirado, mas um ator ardiloso no palco da vida se expõe a ser desonrado e desprezado. Esforçando-se para aparentar o que não é, ele se destitui de qualquer individualidade, de qualquer caráter e é privado de toda influência, de todo poder, de todo sucesso.

Pessoas extremamente sinceras possuem grande força moral, e não há nenhuma outra, nem mesmo a mais elevada força intelectual, que se compare a ela. Uma pessoa adquire uma influência poderosa de acordo com a solidez e a perfeição de sua sinceridade. Essa virtude é tão profundamente interligada à moralidade que, onde falta sinceridade, a moralidade, como um poder, também se ausenta. A falta de sinceridade solapa todas as outras virtudes, de modo que desmoronam e se tornam irrelevantes. Até uma pequena insinceridade priva um caráter de toda a sua nobreza, tornando-o comum e desprezível. A falsidade é um vício tão ignóbil que nenhuma pessoa de força moral pode se permitir brincar com seus badulaques ou bancar o tolo sob essa luz apenas para agradar. Quem age desse modo deixa de ser forte e admirável e se torna fraco e superficial; alguém cuja mente é desprovida de qualquer fonte de força da qual outras pessoas possam beber, e não tem riqueza que estimule nelas uma reverente consideração.

Até aqueles que por um instante se sentem lisonjeados com a mentira criada ou satisfeitos com o engodo habilmente articulado não escaparão das constantes subcorrentes de influência que movem o coração e moldam o julgamento para questões estabelecidas e finais, ao passo que as ilusões inventadas produzem apenas ondulações momentâneas na superfície da mente.

"Estou muito feliz com as atenções dele", disse uma mulher sobre um conhecido, "mas não vou me casar com ele". "Por que não?", perguntaram a ela. "Ele não soa verdadeiro", foi a resposta.

Soar verdadeiro, uma expressão cheia de sentido. Ela contém uma alusão ao sino que, quando tem seu tinido testado, emite um som que revela a pureza de seu metal, sem a mistura de nenhum outro elemento de qualidade inferior. *Ele está à altura do padrão* e será ouvido em todo e qualquer lugar por seu valor integral.

O mesmo acontece com o ser humano. Nossas palavras e ações exercem uma influência própria. Há nelas um som inaudível que todas as outras pessoas ouvem internamente e detectam por instinto. Todos sabemos distinguir o tinido falso do verdadeiro; contudo, não sabemos que sabemos.

Assim como o ouvido externo pode distinguir as maiores sutilezas dos sons, o ouvido interno é capaz de perceber as mais tênues diferenças entre as almas. Ninguém é enganado no final das contas, exceto o impostor. É sua cega tolice que o faz, enquanto se deleita com suas simulações bem-sucedidas, enganar ninguém além de si mesmos. Suas ações são desnudadas perante todos. Há em nosso coração um tribunal cujos julgamentos não falham. Se os sentidos detectam perfeitamente, como não irá a alma saber de maneira infalível! Essa infalibilidade interior se manifesta no julgamento coletivo da raça humana. Esse julgamento é tão perfeito que na literatura, na arte, na ciência, na religião — em todas as áreas do conhecimento — ele distingue o bom do mau, o digno do indigno, o verdadeiro do falso, protegendo zelosamente e preservando o primeiro e deixando o segundo perecer. As obras, palavras e ações das pessoas grandiosas são as relíquias de família da humanidade, e a humanidade não é indiferente a seu valor. Mil autores escrevem livros, e apenas um deles é uma obra de genialidade original, a qual a humanidade distingue, eleva e preserva, relegando os 999 plagiários ao esquecimento. Dez mil indivíduos pronunciam uma frase sob uma circunstância similar, e apenas uma delas carrega uma sabedoria divina; a humanidade, então, distingue essa declaração e a guarda para orientar a posteridade, enquanto as outras frases nunca mais serão ouvidas. É verdade que a humanidade assassina seus profetas, mas até esse assassinato se torna uma prova que revela o verdadeiro tinido, e as pessoas detectam os verdadeiros recipientes. O assassinado correspondeu ao padrão, e o ato de seu assassinato é preservado como prova infalível de sua grandeza.

Assim como a moeda falsificada é detectada e jogada de volta no cadinho, enquanto a moeda genuína circula entre as pessoas e é apreciada por seu valor, a palavra, a ação ou o caráter falso são percebidos e despejados na nulidade da qual emergiram — uma coisa irreal, sem poder, morta.

Coisas espúrias não têm valor, sejam bugigangas ou pessoas. Envergonhamo-nos de imitações que tentam passar por autênticas. A falsidade é barata. O falso torna-se um tipo desprezível; ele é menos do que um ser humano; é uma sombra, um espectro, uma mera máscara. A verdade, por outro lado, é valiosa. Pessoas autênticas tornam-se exemplos. Elas são mais do que pessoas, na verdade; são uma realidade, uma força, um princípio modelador. Pela falsidade tudo se perde — até a individualidade se dissolve, porque falsidade é nulidade, inexistência. Pela verdade tudo se ganha, porque a verdade é firme, permanente, real.

É importantíssimo que sejamos verdadeiros; que não tenhamos nenhum desejo de parecer diferentes do que somos; que não simulemos nenhuma virtude, afetemos nenhuma excelência, adotemos nenhum disfarce. O hipócrita pensa que pode enganar a todos e a eterna lei do mundo. Há, porém, uma única pessoa que ele ludibria, ele mesmo, e por isso a lei do mundo aplicará nele sua justa punição. Segundo uma antiga teoria, os excessivamente perversos são aniquilados. Penso que ser um impostor é chegar o mais próximo possível da aniquilação, pois em certo sentido a pessoa legítima desapareceu e seu lugar foi ocupado por uma miragem de embustes. Ela afundou no inferno da aniquilação que tantos temem; e pensar que uma pessoa assim pode prosperar é como pensar que sombras podem fazer o trabalho de homens reais, descartando-os.

Se alguém pensa que pode construir uma carreira de sucesso baseada em falsidades e aparências, que pare antes de mergulhar nesse abismo de sombras; pois na falsidade não há nenhum terreno sólido, nenhuma substância, nenhuma realidade; não há nada em que alguma coisa possa se firmar, nenhum material com que construir; há somente solidão, pobreza, vergonha, confusão, temores, desconfianças, choro, gemidos e lamentações; pois se há um inferno inferior, mais escuro e mais horrível do que todos os outros, esse inferno é o da falsidade.

Quatro belos traços adornam a mente dos homens sinceros; são eles:

1. Simplicidade
2. Atratividade
3. Perspicácia
4. Poder

Simplicidade é naturalidade. É ser simples, sem adorno falso ou exterior. Por que todas as coisas na natureza são tão belas? Porque são naturais. Nós as vemos como elas são, não perguntamos o que gostariam de parecer, pois elas não têm nenhum desejo de parecer outra coisa. Não há hipocrisia no mundo natural fora da natureza humana. A flor tão bela a todos os olhos perderia sua beleza diante desses olhos se eles vissem defeitos na natureza. Não se pode ver falha em lugar algum, e temos consciência de nossa incapacidade de aperfeiçoar o que quer que seja na natureza, até a coisa mais insignificante. Tudo tem sua própria perfeição peculiar e brilha na beleza da simplicidade inconsciente.

Uma das bandeiras sociais modernas é "o retorno à natureza". Em geral, essa pauta é compreendida como se bastasse possuir uma casinha no campo e um pedacinho de terra para cultivar. De nada adiantará ir para o campo se levarmos nossas farsas conosco; e qualquer verniz que possa aderir a nós pode ser removido onde quer que estejamos. Aqueles que se sentem oprimidos pelas convenções da sociedade fazem bem em querer fugir para o campo, buscar o sossego da natureza; o plano fracassará, porém, se não visar à redenção interior capaz de restaurá-los para o simples e o verdadeiro.

Mas, embora a humanidade tenha se afastado da simplicidade natural do mundo animal, ela se move na direção de uma simplicidade mais elevada, divina. Pessoas de grande genialidade o são em virtude de sua simplicidade espontânea. Elas não simulam, elas *são*. Mentes inferiores estudam maneiras e fingem. Desejam parecer notáveis no palco do mundo, e por esse desejo profano são condenadas à mediocridade. Um homem me disse recentemente: "Eu daria vinte anos da minha vida para ser capaz de compor um hino imortal." Com tal ambição não se pode compor um hino. Ele quer fazer pose. Está pensando em si mesmo, na própria glória. Antes que uma pessoa possa compor um hino ou qualquer outra obra imortal, ela deve não dar vinte anos de sua vida para a ambição, mas sim ser capaz de realizar algo grandioso — e assim cantar, pintar, escrever depois de dez mil experiências amargas, dez mil fracassos, dez mil conquistas, dez mil alegrias. Ela deve conhecer Getsêmani; deve trabalhar com sangue e lágrimas.

Ao conservar nosso intelecto e nossas capacidades morais, e retornar à simplicidade, nos tornamos grandiosos. Não abrimos mão de nada real. Somente os embustes são deixados de lado, revelando o ouro padronizado do caráter. Onde há sinceridade sempre haverá simplicidade — uma simplicidade do tipo que vemos na natureza, a bela simplicidade da verdade.

A *atratividade* é o resultado direto da simplicidade. É percebida não só em todos os objetos naturais, aos quais nos referimos, mas também na natureza humana, manifestada sob a forma da *influência pessoal*. Nos últimos anos, certos pseudomísticos têm anunciado a venda do segredo do "magnetismo pessoal" por determinado valor em dinheiro, pelo qual eles pretendem mostrar a pessoas vaidosas como elas podem se tornar atraentes para os outros recorrendo a certos meios "ocultos". Como se a atratividade pudesse ser comprada e vendida, posta e removida como maquiagem. Tampouco é provável que as pessoas que estão ansiosas para ser consideradas atraentes consigam esse efeito, porque a vaidade é uma barreira para tal. O próprio desejo de ser considerado atraente é, em si mesmo, um engodo e leva à prática de numerosos engodos. Ele sugere, também, que tais pessoas têm consciência de que não há nada de verdadeiramente atraente nelas, nem graças de caráter, e estão em busca de um substituto; mas não há substituto para a beleza da mente e a força de caráter. Como a genialidade, a atratividade é perdida ao ser ambicionada, e possuída por aqueles que são sólidos e sinceros de caráter demais para desejá-la. Não há nada na natureza humana — nem talento, nem intelecto, nem afeição, nem beleza física — que se compare em capacidade de atração com essa solidez de mente e integridade de coração que chamamos de sinceridade. Há um encanto perene nas pessoas sinceras, e elas atraem os melhores exemplares da natureza humana. Não pode haver qualquer encanto pessoal que prescinda de sinceridade. Pode haver paixão, e há, mas isso é uma espécie de doença, muitíssimo diferente do laço indissolúvel pelo qual as pessoas sinceras estão ligadas. A paixão termina em desilusão e sofrimento, mas como não há nada oculto entre duas almas sinceras, uma vez que elas permanecem no terreno sólido da realidade, não há nenhuma ilusão para ser revelada.

Os líderes atraem pelo poder de sua sinceridade. Por maior que seja o intelecto de alguém, ele nunca poderá ser um líder e um guia de outras pessoas se não for sincero. Por algum tempo, até pode navegar tranquilamente sobre a corrente da popularidade e acreditar que está seguro, mas logo mergulhará fundo no ódio popular. Não se pode enganar as pessoas por muito tempo com sua fachada pintada; elas logo olharão atrás e descobrirão o material espúrio do qual é feita. Vestir-se de enganos é como usar uma maquiagem. Quem esconde os traços originais com maquiagem pensa que é admirado pela aparência de sua tez, mas todos podem ver que ela está pintada e a desprezam por isso. A pessoa maquiada tem um único admirador — ela mesma —, e o inferno de limitações a que todos os insinceros se entregam é o inferno da autoadmiração.

Pessoas sinceras não pensam em si mesmas, em seu talento, sua genialidade, sua virtude, sua beleza e, por serem tão inconscientes de si mesmas, atraem todos e conquistam a confiança, afeição e estima deles.

QUEM LIVROU O CORAÇÃO DE TODA FALSIDADE E SÓ ALIMENTA O QUE É VERDADEIRO GANHOU A CAPACIDADE DE DISTINGUIR O FALSO DO VERDADEIRO NOS OUTROS. QUEM NÃO ENGANA A SI MESMO NÃO É ENGANADO.

A *perspicácia* pertence aos sinceros. Todas as farsas são despidas diante dela. Todos aqueles que fingem tornam-se transparentes aos olhos perspicazes da pessoa sincera. Com um olhar límpido, ela vê através de todos os seus inconsistentes simulacros. Trapaceiros murcham sob seu olhar firme e desejam se livrar dessa observadora. Quem livrou o coração de toda falsidade e só alimenta o que é verdadeiro ganhou a capacidade de distinguir o falso do verdadeiro nos outros. Quem não engana a si mesmo não é enganado.

Assim como qualquer um pode distinguir, sem errar, os objetos da natureza ao nosso redor — uma cobra, uma ave, um cavalo, uma árvore, uma rosa e assim por diante —, a pessoa sincera é capaz de perceber a diferença entre um ou outro caráter. Ela percebe num movimento, num olhar, numa palavra, num ato, a natureza do outro e age de acordo. É precavida sem ser desconfiada. Age com base em um conhecimento absoluto, e não em suspeição. As pessoas estão abertas para ela, que lê seus conteúdos. Seu julgamento perspicaz perfura até o cerne de toda ação. Sua conduta direta e inequívoca fortalece nos outros o bem, envergonha o mal. A pessoa sincera é um arrimo para aqueles que ainda não alcançaram um coração e uma mente sólidos.

O *poder* vem na esteira da perspicácia. Uma compreensão da natureza das ações é acompanhada pela capacidade de enfrentar e lidar com todas elas da melhor e mais correta maneira. Conhecimento é sempre poder, mas conhecimento da natureza das ações é um poder superlativo, e quem o possui se torna uma presença para todos os corações, modifica suas ações para o bem. Mesmo muito depois de essa pessoa não estar mais presente, ela ainda será uma força modeladora no mundo e uma realidade espiritual trabalhando sutilmente nas mentes de quem permaneceu, moldando-as para fins sublimes. A princípio, seu poder é local e limitado, mas o círculo da retidão que ela pôs em movimento continua a se estender e se amplia até abarcar o mundo todo, e toda a humanidade é influenciada por ela.

Pessoas sinceras carimbam seu caráter em tudo que fazem e em todas as pessoas com quem interagem. Elas dizem uma boa palavra no momento oportuno, e alguém se impressiona; a influência é comunicada a outro, e mais outro, e logo alguma alma desesperada a mil milhas de distância escuta o que foi dito e é restaurada. Tal poder é em si mesmo a prosperidade, e seu valor não pode ser avaliado em dinheiro. O dinheiro não pode comprar as joias inestimáveis do caráter, mas o esforço em fazer o bem, sim; e quem se torna sincero, quem adquire uma robusta solidez em todo o seu ser, se tornará detentor de singular sucesso e raro poder.

E assim é o forte pilar da sinceridade. Sua capacidade de sustentação é tão poderosa que, uma vez completamente erguido, o Templo da Prosperidade estará seguro. Suas paredes não desabarão; suas vigas não apodrecerão; seu teto não cairá. Ele se sustentará enquanto a pessoa viver, e, quando ela tiver morrido, continuará a proporcionar um abrigo e um lar para outros por muitas e muitas gerações.

SÉTIMO PILAR — IMPARCIALIDADE

Livrar-se de ideias preconcebidas é uma grande façanha. O preconceito acumula obstáculos em nosso caminho — para a saúde, o sucesso, a felicidade e a prosperidade — e nos faz deparar continuamente com inimigos imaginários, que, uma vez removidos os maus julgamentos, são reconhecidos como amigos. A vida é, de fato, uma espécie de corrida de obstáculos para o preconceituoso, na qual tais barreiras não podem ser transpostas e a meta não é alcançada; enquanto para o imparcial a vida é uma caminhada diurna por um campo agradável, com comes e bebes e repouso no fim do dia.

Para adquirir imparcialidade, devemos remover o egoísmo inato que nos impede de ver qualquer coisa de um ponto de vista diferente do nosso. Uma tarefa árdua, é verdade, porém notável, e que pode muito bem ser iniciada agora, ainda que não possa ser concluída. A verdade pode "remover montanhas", e o preconceito é uma cadeia de montanhas mentais além da qual o sectário não vê, e além da qual ele crê não existir nada. Removidas essas montanhas, contudo, abre-se para a vista a infinita perspectiva da variedade mental, e misturada a ela uma imagem gloriosa de luz e sombra, de cor e tons, alegrando os olhos que a contemplam.

A VERDADE PODE "REMOVER MONTANHAS", E O PRECONCEITO É UMA CADEIA DE MONTANHAS MENTAIS ALÉM DA QUAL O SECTÁRIO NÃO VÊ, E ALÉM DA QUAL ELE CRÊ NÃO EXISTIR NADA.

———

Quando alguém insiste no preconceito obstinado, quantas alegrias são perdidas, quantos amigos são sacrificados, quanta felicidade é destruída e quantas perspectivas são maculadas! No entanto, libertar-se de preconceitos é uma coisa rara. Poucas pessoas não nutrem ideias preconcebidas sobre os assuntos de seu interesse. Raramente encontramos quem discutirá um assunto considerando ambos os lados, sem se deixar acometer pela paixão, levando em conta todos os fatos e ponderando todas as evidências de modo a chegar à verdade na questão. Isso acontece porque a pessoa já está convencida de que sua própria conclusão é a verdade, e que tudo o mais é erro; ela está defendendo a própria causa, lutando pela vitória. Essa pessoa tampouco tenta provar que detém a verdade elencando calmamente fatos e evidências, ela defende sua posição com mais ou menos calor e agitação.

O preconceito leva as pessoas a elaborarem conclusões, por vezes sem se basearem em fatos ou em algum conhecimento, e depois se recusarem a considerar qualquer coisa que não apoie essa conclusão; desse modo o preconceito é uma barreira completa à obtenção do conhecimento. Ele nos ata à escuridão e à ignorância e impede o desenvolvimento mental nas direções mais elevadas e nobres. Mais do que isso, nos exclui da comunhão com as melhores mentes e nos confina à cela escura e solitária de nosso próprio egoísmo.

O preconceito veda a mente de modo a impedir que nova luz entre, que mais beleza seja vista e que música mais divina seja ouvida. O sectário se aferra à sua pequena, efêmera, frágil opinião, e pensa que ela é a coisa mais magnífica do mundo. Ele está tão apaixonado pela própria conclusão (que é somente uma forma de amor-próprio) que pensa que todos devem concordar com ele e mede a inteligência das pessoas de acordo com a capacidade delas de ver como ele vê, ao passo que louva o bom julgamento daqueles que endossam seu ponto de vista. Essa pessoa não pode ter conhecimento, não pode ter verdade. Ela está tão restrita à esfera da opinião (às ilusões criadas por ela mesma) que se encontra fora do domínio da realidade. Movida por uma espécie de paixão por si mesma, não é capaz de ver os fatos mais comuns da vida, e suas próprias teorias — em geral mais ou menos sem fundamento — assumem, a seu ver, proporções esmagadoras. Preconceituosos creem que todas as coisas têm apenas um lado, o seu próprio. Tudo possui pelo menos dois lados, e quem encontra a verdade em algum tema é quem examina cuidadosamente os dois os lados, estando isento de qualquer desejo de ver um lado predominar sobre o outro.

Em suas discórdias e controvérsias, o mundo em geral funciona como dois juristas em uma corte. O promotor apresenta todos os fatos que provam seu lado, enquanto o advogado de defesa apresenta todos os fatos que apoiam a sua alegação. Cada um menospreza ou ignora, ou tenta argumentar contra, os fatos do outro. O juiz, contudo, é como o pensador imparcial entre as duas figuras: tendo ouvido todas as evidências em ambos os lados, ele as compara e esquadrinha de modo a formar uma conclusão imparcial na causa da justiça.

Não que essa parcialidade universal seja uma coisa má, e também aqui, como em todos os outros extremos, a natureza não reduz a oposição de partes conflitantes a um equilíbrio perfeito; essa polarização é, de fato, um fator na evolução; estimula o pensamento naqueles que ainda não desenvolveram o poder de suscitar uma ideia vigorosa de acordo com sua vontade, e essa é uma fase pela qual todos devemos passar. Mas ela é apenas um caminho secundário — e um caminho secundário tortuoso, confuso e penoso — rumo à grande estrada da Verdade. Ela é o arco do qual a imparcialidade é o círculo perfeito. O sectário vê uma porção da verdade e pensa que se trata do todo, mas o pensador imparcial a vê em sua inteireza, que inclui todos os lados. É necessário que encontremos menos verdade em segmentos, por assim dizer, até que, tendo reunido todos eles, possamos encaixá-los e formar o círculo perfeito. A formação desse círculo é a realização da imparcialidade.

LIVRAR-SE DOS PRECONCEITOS É ALGO TÃO RARO QUE, ONDE QUER QUE ISSO ACONTEÇA, O PENSADOR IMPARCIAL CERTAMENTE OCUPARÁ, MAIS CEDO OU MAIS TARDE, UMA POSIÇÃO MUITO ELEVADA AOS OLHOS DO MUNDO E NA CONDUÇÃO DE SEU DESTINO.

Pessoas imparciais examinam, ponderam e consideram, livres de preconceito e de simpatias e antipatias. Seu único desejo é descobrir a verdade. Elas descartam opiniões preconcebidas e deixam que fatos e evidências falem por si. Pessoas assim não têm nenhuma autodefesa a apresentar, pois sabem que a verdade é inalterável, que suas opiniões não têm poder diante dela, e que, portanto, podem ser investigadas e descobertas. Assim, escapam de uma grande quantidade de atritos e desgastes a que o sectário exaltado está sujeito, e, além disso, olham diretamente para a face da Realidade, tornando-se tranquilas e pacíficas.

Livrar-se dos preconceitos é algo tão raro que, onde quer que isso aconteça, o pensador imparcial certamente ocupará, mais cedo ou mais tarde, uma posição muito elevada aos olhos do mundo e na condução de seu destino. Não necessariamente me refiro a um cargo em negócios mundanos, mas a uma posição elevada na esfera de influência. Pode haver alguém assim nesse exato momento, e essa pessoa pode ser um carpinteiro, um tecelão, um balconista; pode estar na pobreza ou na casa de um milionário; pode ser baixo ou alto, ter qualquer aparência, mas o que quer que seja e onde quer que esteja, essa pessoa, ainda que ignorada, já começou a mover o mundo e um dia será universalmente reconhecida como uma nova força e um centro criativo na evolução.

Houve alguém assim cerca de 1.900 anos atrás.[5] Era apenas um carpinteiro pobre e iletrado. Considerado um louco pelos próprios parentes, chegou a um fim ignominioso aos olhos de seus compatriotas. Contudo, lançou as sementes de uma influência que alterou todo o funcionamento do mundo.

Houve alguém semelhante na Índia há cerca de 25 séculos. Era um homem talentoso, muitíssimo instruído e filho de um capitalista e proprietário de terras de um pequeno reino. Esse homem tornou-se um mendigo miserável, sem-teto, e hoje um terço dos seres humanos veneram seu santuário e são controlados e elevados por sua influência.

"Desconfie quando o grande Deus solta um pensador neste plano", diz Emerson; e quem é limitado por preconceitos

---

[5] Este livro foi publicado originalmente em 1911. (N.E.)

não pode ser um pensador, mas um mero defensor ferrenho das próprias opiniões. Toda ideia atravessa seu preconceito particular, é colorida por ele, de modo que nenhum pensamento desapaixonado e nenhum julgamento imparcial é possível. Pessoas assim veem todas as coisas somente em sua relação, ainda que seja uma relação imaginária, com a própria opinião, ao passo que o pensador vê as coisas como elas são. Quem purificou a mente do preconceito e de todas as imperfeições do egoísmo de modo a ser capaz de encarar diretamente a realidade alcançou o auge do poder; detém em suas mãos, por assim dizer, a mais vasta influência e exercerá esse poder, mesmo que não tenha consciência disso; ele será inseparável de sua vida e emanará de seu ser como o perfume de uma flor. Esse poder estará em suas palavras, suas ações, em seus gestos e nos movimentos de sua mente, até em seu silêncio e na serenidade de sua compleição. Onde quer que vá, mesmo que fuja para o deserto, seu detentor não escapará a seu elevado destino, pois um grande pensador é o centro do mundo; por meio dele todas as pessoas são mantidas em suas órbitas e todo pensamento gravita em sua direção.

O verdadeiro pensador está acima e além do turbilhão fervilhante das paixões em que a humanidade está engolfada. Ele não é influenciado por considerações pessoais, porque compreendeu a importância de princípios impessoais; sendo um não combatente no embate de desejos egoístas, ele é capaz, do ponto de vista privilegiado de ser um observador imparcial, embora não indiferente, de ver ambos os lados de igual modo, apreendendo a causa e o sentido da cisma.

Não só os Grandes Mestres, como também os grandes vultos da literatura são aqueles isentos de preconceito, aqueles que, como verdadeiros espelhos, refletem tudo de maneira imparcial. Assim são Whitman, Shakespeare, Balzac, Emerson, Homero. Não se trata de mentes locais, mas universais. A atitude deles não é pessoal, mas cósmica.

Eles contêm em si mesmos todas as coisas e seres, todos os mundos e leis. São os deuses que guiam a humanidade e que a conduzirão de sua febre apaixonada para um terreno de serenidade.

O verdadeiro pensador é o maior dos homens, seu destino é o mais sublime. A mente inteiramente imparcial alcançou o divino e se aquece à plena luz da Realidade.

Os quatro grandes elementos da imparcialidade são:

1. Justiça
2. Paciência
3. Calma
4. Sabedoria

Justiça é dar e receber em igual medida. O que é chamado de "conseguir uma pechincha" é uma espécie de roubo. Significa que o comprador paga por apenas uma porção de sua compra, enquanto o restante é apropriado como ganho líquido. O vendedor também estimula isso ao fechar o negócio.

Pessoas justas não tentam obter vantagem; elas consideram os verdadeiros valores das coisas e moldam suas transações de acordo com isso. Não deixam "o que vai compensar" vir antes de "o que é correto", pois sabe que o correto é mais compensador no fim das contas. Não busca benefício próprio em detrimento de outras pessoas, pois sabe que uma ação justa beneficia, igual e inteiramente, ambas as partes da transação. E se "a perda de um homem é o ganho de outro", certamente o equilíbrio se fará mais tarde. Ganhos injustos não podem levar à prosperidade, certamente produzirão insucesso. Quem é justo não pode obter de outra pessoa um ganho injusto realizando o que chamam de "transação esperta", tanto quanto não poderia obtê-lo surrupiando-lhe a carteira. O justo consideraria o primeiro caso tão desonesto quanto o segundo.

O espírito da barganha nos negócios não é o verdadeiro espírito do comércio. É o espírito egoísta e larápio que quer obter algo por nada. A integridade pressupõe expurgar os negócios de toda barganha e construí-los sobre a base mais digna da justiça. O íntegro fornece "um bom artigo" por um preço justo e não o altera. Não suja as mãos com nenhum negócio contaminado pela fraude. Suas mercadorias são genuínas e apropriadamente avaliadas.

Fregueses que tentam "levar vantagem" sobre um comerciante em suas compras estão se degradando. Sua prática presume das duas coisas uma (ou ambas), a saber: ou que o comerciante é desonesto e está cobrando demais (uma atitude mental baixa, desconfiada), ou que eles estão ansiosos para tirar dele seu lucro (uma atitude igualmente vil), beneficiando-se de seu prejuízo. A prática de "levar a melhor" é completamente desonesta, e as pessoas que a adotam mais assiduamente são aquelas que mais se queixam de ser "roubadas", o que não é surpreendente, uma vez que elas próprias estão o tempo todo tentando subtrair outros.

Por outro lado, o comerciante ansioso para arrancar tudo que pode de seus fregueses, não importam a justiça e o valor correto das coisas, é uma espécie de assaltante e está pouco a pouco envenenando seu sucesso, pois seus atos certamente retornarão na forma de ruína financeira.

Disse-me outro dia um homem de cinquenta anos: "Acabo de descobrir que durante toda a minha vida estive pagando cinquenta por cento a mais por todas as coisas do que eu devia." O justo não pode sentir que algum dia pagou demais por alguma coisa, pois ele não fecha nenhuma transação que considere injusta; mas quem vive ansioso para obter tudo pela metade do preço viverá em lamentações mesquinhas e miseráveis por estar pagando o dobro por todas as coisas. O justo contenta-se em avaliar tudo por seu valor total, tanto ao dar quanto ao receber; sua mente é despreocupada e seus dias são cheios de paz.

Devemos acima de tudo evitar a mesquinharia e nos esforçarmos para ser cada vez mais perfeitamente justos; pois, se não o formos, não poderemos ser honestos, nem generosos, nem corajosos, e sim uma espécie de ladrão disfarçado, tentando obter tudo que podemos e devolvendo o mínimo possível. Devemos evitar toda barganha e ensinar às pessoas que por hábito o fazem uma maneira melhor de conduzir suas transações, com aquela nobre dignidade que faz jus a um sucesso vultoso e merecido.

DEVEMOS ACIMA DE TUDO EVITAR A MESQUINHARIA E NOS ESFORÇARMOS PARA SER CADA VEZ MAIS PERFEITAMENTE JUSTOS; POIS, SE NÃO O FORMOS, NÃO PODEREMOS SER HONESTOS, NEM GENEROSOS, NEM CORAJOSOS, E SIM UMA ESPÉCIE DE LADRÃO DISFARÇADO, TENTANDO OBTER TUDO QUE PODEMOS E DEVOLVENDO O MÍNIMO POSSÍVEL.

A *paciência* é a joia mais brilhante no caráter da pessoa imparcial. Não a paciência direcionada a algo em especial — como uma moça com seu trabalho de agulha, ou um menino construindo sua máquina de brinquedo —, mas sim uma inabalável consideração, uma disposição amável em todos os momentos e sob as mais penosas condições, uma força imutável e gentil que nenhuma provação pode frustrar e nenhuma perseguição é capaz de anular. É um bem raro, é verdade, e um bem que por ainda muito tempo não poderemos esperar de grande parte da humanidade, mas é uma virtude que pode ser conquistada aos poucos. Mesmo alguma paciência parcial já produzirá maravilhas na vida e nos negócios, assim como uma impaciência certamente produzirá devastação. O irascível corteja o desastre rápido, pois quem gostará de lidar com uma pessoa que sempre explode como pólvora quando alguma pequena centelha de queixa ou crítica cai sobre ela? Até seus amigos vão um por um abandoná-la, pois quem buscará a companhia de alguém que profere palavras rudes, impacientes e ferozes a cada pequena divergência ou mal-entendido?

É preciso começar a se controlar com sabedoria e a aprender as belas lições da paciência, para conseguir ser alguém extremamente próspero, útil e poderoso. É preciso aprender a pensar nos outros, a agir pelo bem deles, e não somente em benefício próprio, a ser atencioso, tolerante e paciente. É preciso estudar como ter um coração em paz com quem discorda de nós nas coisas que consideramos mais vitais. Devemos evitar brigar como evitaríamos tomar um veneno mortal. Seremos sempre surpreendidos por discordâncias, mas devemos nos fortalecer contra elas; devemos aprender a extrair delas a harmonia ao nos portarmos com paciência.

O conflito é comum, ele aflige o coração e distorce a mente. A paciência é rara, ela enrique o coração e embeleza a mente. Todo gato é capaz de bufar e se enfurecer; isso não requer esforço algum além de uma atitude descontrolada. É preciso *ser humano* para manter o hábito de levantar cedo em meio a todas as circunstâncias, e para ser diligente e paciente com as deficiências da humanidade. A paciência vence. Como a água mole corrói a rocha mais dura, a paciência supera toda oposição. Ela ganha os corações. Conquista e controla.

A *calma*, uma grande e gloriosa qualidade, acompanha a paciência. Ela é o refúgio pacífico da alma emancipada após longas perambulações no oceano assolado pela tempestade da paixão. Ela sustenta quem muito sofreu, muito suportou, muito experimentou e enfim venceu.

Pessoas que não são calmas não podem ser imparciais. Afobação, preconceito e parcialidade brotam das perturbações apaixonadas. Quando tem seu sentimento contrariado, o intranquilo se avoluma e borbulha como um curso d'água represado. O calmo evita essa perturbação canalizando o sentimento do pessoal para o impessoal. Ele pensa e sente tanto pelos outros quanto por si mesmo. Atribui às opiniões dos outros o mesmo valor que atribui às suas. Se considera o próprio trabalho importante, considera o trabalho dos outros igualmente importante. Não argumenta para defender o mérito de seu trabalho, desmerecendo o dos demais. Não é vencido pela sensação da própria importância. Pôs de lado o egoísmo em favor da verdade e percebe as relações corretas entre as coisas. Dominou a irritabilidade e se deu conta de que não há nada que, por si mesmo, deva lhe causar irritação. Irritar-se com outra pessoa porque ela não vê as coisas da mesma maneira que você é o mesmo que irritar-se com um amor-perfeito porque ele não é uma rosa. Cada mente é única e os calmos reconhecem essas diferenças como fatos na natureza humana.

Pessoas calmas, imparciais, não são somente as mais felizes, como também detêm todas as suas capacidades sob seu comando. São seguras, ponderadas, eficientes, velozes e realizam facilmente em silêncio aquilo que as pessoas irritadiças levam a cabo lenta e laboriosamente. Sua mente é purificada, concentrada e está pronta para ser dirigida a qualquer momento para um determinado trabalho com uma capacidade infalível. Na mente calma todas as contradições são conciliadas e há uma alegria radiante e uma paz perpétua. Como diz Emerson: "Calma é alegria estável e habitual."

Mas não se deve confundir indiferença com calma, pois ela está no extremo oposto. A indiferença é uma ferramenta de sobrevivência, ao passo que a calma é vida intensa e amplo poder. Quem é calmo tem um eu parcial ou inteiramente dominado e, por ter sido bem-sucedido na luta contra o egoísmo dentro de si, sabe como enfrentá-lo e superá-lo nos outros. Em qualquer contenda moral, os calmos sempre saem vitoriosos. Enquanto permanecermos calmos, nossa derrota é impossível.

O autocontrole é melhor do que possuir bens, e a calma é uma bênção perpétua. A *sabedoria* permanece com aquele que é imparcial. Seus conselhos o orientam; suas asas o

A *SABEDORIA* TEM MUITOS LADOS. SÁBIOS SE ADAPTAM AOS DEMAIS. AGEM PARA O BEM DELES, SEM NUNCA VIOLAR AS VIRTUDES MORAIS OU OS PRINCÍPIOS DA CONDUTA CORRETA. OS TOLOS NÃO CONSEGUEM SE ADAPTAR AOS OUTROS; AGEM APENAS PARA SI E VIOLAM CONTINUAMENTE AS VIRTUDES MORAIS E OS PRINCÍPIOS DA CONDUTA CORRETA.

---

protegem; ela o conduz por caminhos agradáveis rumo a destinos felizes.

A *sabedoria* tem muitos lados. Sábios se adaptam aos demais. Agem para o bem deles, sem nunca violar as virtudes morais ou os princípios da conduta correta. Os tolos não conseguem se adaptar aos outros; agem apenas para si e violam continuamente as virtudes morais e os princípios da conduta correta. Há um grau de sabedoria em todo ato de imparcialidade, e, uma vez que tenhamos tocado e experimentado a zona imparcial, podemos recobrá-la reiteradamente até nos estabelecermos ali.

Todo pensamento, palavra e ato de sabedoria afeta o mundo em geral, pois estão repletos de grandeza. A sabedoria é um poço de conhecimento e uma fonte de poder. É profunda e abrangente, e tão exata e inclusiva que abarca os menores detalhes. Em sua vasta grandeza, não ignora o pequeno. A mente sábia é como o mundo, contém todas as coisas em seu próprio lugar e ordem, e por isso nunca está sobrecarregada. Também como o mundo, ela é livre, desconhece restrições; contudo nunca se mostra dispersa, transviada, pecaminosa e arrependida. A sabedoria é o ser estável, adulto, e a insensatez é o bebê que chora. A sabedoria superou a fraqueza e a dependência, os erros e os castigos da ignorância infantil, e é ereta, equilibrada, forte e serena.

A mente compreensiva não precisa de nenhum apoio externo. Ela se sustenta por si só no firme terreno do conhecimento; não o conhecimento dos livros, mas o que é fruto da experiência amadurecida. A mente compreensiva já passou por todas as mentes, e por isso as conhece. Viajou com todos os corações e sabe como são suas jornadas na alegria e na dor.

Quem é tocado pela sabedoria se eleva e transfigura. Torna-se um ser diferente com novos objetivos e poderes e habita um novo universo, em que deve realizar um novo e glorioso destino.

Esse é o Pilar da imparcialidade, que contribui com sua enorme força e incomparável graça para apoiar e embelezar o Templo da Prosperidade.

OITAVO PILAR — AUTO CON FIANÇA

Todo jovem deveria ler o ensaio de Emerson intitulado "Autoconfiança". Ele foi elaborado para curar igualmente as duas falhas mentais mais comuns entre os jovens: a autodepreciação e a presunção. Tende quase com toda certeza tanto a revelar ao arrogante a pequenez e o vazio de sua vaidade, quanto a mostrar ao envergonhado a debilidade e a ineficácia de sua timidez. É uma revelação de dignidade; uma que se aproxima de qualquer outra concedida a um antigo vidente e profeta, embora talvez uma de cunho mais prático, adequada à sua era mecânica, vinda como vem de um profeta moderno e convocada numa nova humanidade; e seu principal mérito é sua qualidade poderosamente fortificante.

Que a autoconfiança não seja confundida com presunção, pois quanto mais elevada e excelente é a primeira, mais baixa e sem valor é a última. Não pode haver nada de mesquinho na autoconfiança, e na presunção não pode haver nada de sublime.

Quem nunca diz "não sei" quando questionado sobre assuntos que desconhece por completo — para evitar, como imagina, ser considerado ignorante — e expressa, cheio de confiança, conjecturas e suposições como se as soubesse, será conhecido por sua ignorância e depreciado por sua vaidade.

Uma sincera confissão de ignorância merecerá respeito onde uma presunção de conhecimento provocará desdém.

Pessoas tímidas, envergonhadas, que parecem quase temerosas de viver, que receiam fazer alguma coisa fora do desejado e que se sujeitarão à zombaria, não são completas. Elas precisam imitar as outras, não têm ação independente. Precisam da autoconfiança que as impelirá a recorrer à iniciativa própria e assim se tornarem novos exemplos em vez de seguidoras de fórmulas antigas. Quanto à zombaria, quem se deixa ferir por ela não é digno. As lanças do escárnio e do sarcasmo não podem penetrar a forte armadura da autoconfiança. Não podem alcançar a invencível cidadela de um coração honesto para ferroá-lo ou feri-lo. As setas afiadas da ironia podem chover sobre ele, que o autoconfiante rirá ao vê-las serem desviadas pelo forte peitoral de sua confiança e caírem, inócuas, à sua volta.

"Confia em ti mesmo", diz Emerson, "todo coração vibra a essa corda de ferro". Ao longo das eras, as pessoas se apoiaram sobre improvisações externas, e não na própria simplicidade e dignidade originais, comportamento que perdura até hoje. Os poucos que tiveram a coragem de fazer diferente foram distinguidos e elevados como heróis; e é de fato o verdadeiro herói aquele que tem a audácia de deixar sua natureza falar por si, que é feito daquela fibra forte que lhe permite se sustentar sobre seu próprio valor intrínseco.

É verdade que quem se candidata a tal heroísmo deve suportar um teste de força. Essa pessoa não deve ser demovida pelos fantasmas de um convencionalista. Não deve temer por sua reputação, ou por sua posição na igreja ou seu prestígio na sociedade local. Deve aprender a agir e a viver livre dessas considerações, assim como mantém sua autonomia diante das modas atuais. Depois de suportar esse teste, difamação e ira não terão conseguido demovê-la ou afligi-la. Ela terá se tornado uma pessoa que a sociedade terá de levar em conta e, por fim, aceitar em seus próprios termos.

Mais cedo ou mais tarde, todos recorrerão aos autoconfiantes em busca de orientação e, embora as melhores mentes não façam deles um sustentáculo, elas respeitam e valorizam seu trabalho e sua importância, reconhecendo seu lugar entre os bons que o antecederam.

Não deve ser considerado sinal de autoconfiança zombar da aprendizagem. Esse tipo de atitude nasce da arrogância obstinada que tem os elementos da fraqueza e que profetiza a queda, e não dos elementos de força e da promessa de elevada realização que caracterizam a autoconfiança. Orgulho e vaidade não devem ser associados com autoconfiança; eles se baseiam em acessórios e complementos como dinheiro, bens, prestígio, posição; e quando estes são perdidos, tudo está perdido. Autoconfiança baseia-se em elementos essenciais e princípios como valor, probidade, pureza, sinceridade, caráter, verdade; e tudo de material que possa ser perdido tem pouca importância, pois esses princípios nunca se perdem. O orgulho tenta esconder sua ignorância por meio da ostentação e da presunção, e nunca se coloca na posição de aprendiz. Ele se baseia, em sua pequena jornada fugaz, na ignorância e na aparência, e quanto mais alto alcançar hoje, maior será sua queda amanhã. A autoconfiança não tem nada a esconder e está sempre disposta a aprender; e, enquanto não pode haver humildade onde há orgulho, a autoconfiança e a humildade são compatíveis — mais ainda, são complementares —, e a forma mais sublime de autoconfiança só se encontra associada à mais profunda humildade. "Os extremos se tocam", diz Emerson, "e não há exemplo melhor que a altivez da humildade. Nenhum aristocrata, nenhum príncipe nascido para a púrpura, pode sequer começar a se comparar com o autorrespeito do santo. Por que ele é tão humilde, a não ser porque sabe que pode se permitir isso, repousando na grandeza de Deus que o habita?" Foi Buda que, a este respeito, disse: "Aqueles que, ou agora ou depois que eu estiver morto, serão uma lâmpada para si mesmos, baseando-se somente em si e não dependendo de nenhuma ajuda externa, mas agarrando-se à verdade como sua lâmpada e buscando sua salvação somente na verdade; aqueles que não buscarão auxílio em ninguém exceto neles mesmos, são eles, entre meus discípulos, que atingirão o verdadeiro topo enevoado. Mas, para isso, devem estar dispostos a aprender." Nesta frase, a repetida insistência na necessidade de contar apenas consigo mesmo, associada à exortação final a ansiar pelo aprendizado, é a mais sábia declaração sobre a autoconfiança que conheço. Nela, o Grande Mestre compreende o equilíbrio perfeito entre autoconfiança e humildade que a pessoa verdadeira deve adquirir.

"A autoconfiança é a essência do heroísmo." Todos os grandes heróis são autoconfiantes, e deveríamos considerá-los

SE CONFIARMOS NA LUZ DE OUTREM, A ESCURIDÃO NOS DOMINARÁ; MAS SE CONFIARMOS EM NOSSA PRÓPRIA LUZ, BASTA QUE A MANTENHAMOS ACESA.

mestres e exemplos, e não bengalas. Surge um grande indivíduo que não se apoia em ninguém, mas se sustenta por si mesmo na dignidade solitária da verdade, e imediatamente o mundo começa a se apoiar nele, começa a fazer dele uma desculpa para a indolência espiritual e uma destrutiva humilhação do próprio eu. Melhor do que embalar nossos vícios na força dos grandes seria iluminar novamente nossas virtudes com sua lâmpada luminosa. Se confiarmos na luz de outrem, a escuridão nos dominará; mas se confiarmos em nossa própria luz, basta que a mantenhamos acesa. Podemos tanto retirar luz de outrem quanto comunicá-la, mas pensar que ela é suficiente enquanto nossa própria lâmpada está enferrujando no descaso fará com que nos vejamos em breve abandonados na escuridão. Nossa própria luz interior é a luz que nunca nos falta.

Que é a "luz interior" dos quacres senão outro nome para autoconfiança? Devemos nos apoiar no que somos, não no

NOSSA PRÓPRIA LUZ INTERIOR É A LUZ QUE NUNCA NOS FALTA.

que as outras pessoas são. "Mas eu sou tão pequeno e pobre", você diz. Ora, apoie-se nessa pequenez, e logo ela se tornará grande. Um bebê deve mamar e se segurar na mãe, mas não para sempre. A partir de algum momento, ele andará sobre as próprias pernas. Muitas vezes rogamos a Deus que ponha em nossas mãos aquilo que fomos feitos para procurar; que ponha em nossas bocas a comida pela qual deveríamos trabalhar diligentemente. Mas chegará o tempo de superarmos essa infância espiritual. Chegará o tempo em que não mais pagaremos sacerdotes para rezar e pregar em nosso nome.

Nossa principal dificuldade é a desconfiança de nós mesmos, de modo que o autoconfiante se torna um espetáculo raro e singular. Se uma pessoa se vê como um "verme", o que pode ela fazer senão se contorcer inutilmente? Na verdade, "aquele que se humilha deve ser exaltado", mas não aquele que se degrada. Devemos ser como somos, e, se temos alguma indignidade, devemos nos livrar dela, conservando e contando apenas com o que é de valor. Só somos degradados quando nós mesmos nos degradamos; somos dignos quando vivemos uma vida digna.

Por que uma pessoa deveria repetidamente chamar atenção para sua natureza decaída? Essa falsa humildade extrai uma espécie de orgulho do vício. Se alguém caiu, foi para poder se pôr de pé e aprender com isso. Se caímos num fosso de vício, que nos levantemos de lá e nos purifiquemos, para dali prosseguirmos nosso caminho em júbilo.

Não há nenhuma esfera da vida em que a influência e a prosperidade não serão consideravelmente ampliadas mesmo pela mais baixa autoconfiança; e para o professor — quer seja ele secular ou religioso —, ou para qualquer outra pessoa que assuma uma posição de controle e comando, como organizadores, administradores, supervisores etc., ela é um equipamento indispensável.

As quatro grandes qualidades da autoconfiança são:

1. Decisão
2. Firmeza
3. Dignidade
4. Independência

A *decisão* torna um homem forte. Os fracos se mascaram. Quem representa um papel com falas no drama da vida, ainda que um papel pequeno, precisa ser resoluto e saber o que fazer. A pessoa pode ter dúvidas, mas não sobre sua capacidade. Ela deve conhecer seu papel e desempenhá-lo com toda a sua energia. Deve ter uma base sólida de conhecimento a partir da qual irá operar e manter-se firmemente nela. Que sejam apenas o preço e a qualidade do material, mas ela deve conhecer plenamente seu trabalho e saber que o domina. Deve estar pronta a qualquer momento para responder por si quando sua tarefa for contestada. Deve estar tão bem fundamentada com relação à sua prática particular que não hesitará nem por um instante diante de uma emergência. É verdadeiro o ditado que diz "quem hesita está perdido". Ninguém confia em quem não acredita em si mesmo, que duvida, hesita, titubeia e não consegue se desvencilhar dos fios emaranhados de dois caminhos. Quem lidaria com um comerciante que não soubesse o preço das próprias mercadorias, que não soubesse onde encontrá-las? Uma pessoa deve conhecer bem aquilo que oferece. Porque, se ela mesma não domina o assunto, quem poderá ensiná-la? Ela deve ser capaz de fazer um bom relato da verdade ali contida, deve ter aquele toque decisivo que só a habilidade e o conhecimento podem conferir.

A certeza é um importante elemento na autoconfiança. Para ser merecedora de credibilidade, a pessoa deve ter alguma verdade a transmitir, e toda habilidade é uma comunicação. Ela deve "falar com autoridade, e não como os escribas". Deve dominar alguma coisa, e saber que a dominou, de modo a lidar com tal coisa com lucidez e compreensão, à maneira de um mestre, em vez de permanecer para sempre um aprendiz.

A indecisão é um fator de desintegração. Um minuto de vacilação pode fazer a corrente do sucesso retroceder. Quem teme decidir depressa por medo de errar quase sempre acaba errando de qualquer modo. Os mais rápidos em pensamento e ação são menos propensos a cometer deslizes, e é melhor agir com resolução e errar do que agir com indecisão e ainda

DECIDA COM RAPIDEZ E AJA COM DETERMINAÇÃO. MELHOR AINDA, TENHA UMA MENTE JÁ DECIDIDA E ENTÃO AS DECISÕES SERÃO INSTINTIVAS E ESPONTÂNEAS.

assim errar, pois no primeiro caso há apenas erro, enquanto no segundo há também fraqueza.

Deveríamos ser sempre decididos, nas situações em que sabemos como agir e naquelas em que não sabemos. Devemos estar sempre tão prontos para dizer "não" quanto para dizer "sim", tão prontos a reconhecer nossa ignorância quanto a compartilhar nosso conhecimento. Se nos baseamos em fatos e agimos a partir da simples verdade, não encontraremos motivo algum para nos determos entre duas opiniões.

Decida com rapidez e aja com determinação. Melhor ainda, tenha uma mente já decidida e então as decisões serão instintivas e espontâneas.

A *firmeza* surge na mente que toma decisões com rapidez. Ela é de fato a decisão final sobre o melhor procedimento a seguir e o melhor caminho a tomar na vida. É a promessa da alma de defender com firmeza seus princípios, seja o que for que sobrevenha. Não é necessário nem desnecessário que haja qualquer promessa escrita ou falada, pois, a lealdade inabalável a um princípio fixo é o espírito de todas as promessas.

Quem não tem sem princípios estabelecidos não realizará muita coisa. O oportunismo é um atoleiro e um deserto espinhento, e quem caminha por ele estará continuamente se enfiando na areia movediça da própria lassidão moral, será arranhado pelos espinhos dos desapontamentos criados por si mesmo.

Devemos ter alguns fundamentos sólidos sobre os quais nos erguer entre nossos semelhantes. Não podemos ter firmeza no pântano da concessão. O desleixo é um vício da fraqueza, e os vícios da fraqueza fazem mais para solapar o caráter e a influência do que os vícios da força. Quem é vicioso por excesso de força animal pega um atalho para chegar à verdade quando decide que é desse jeito por não ser suficientemente forte, e seu principal vício consiste em não ter uma ideia própria sobre coisa alguma. Quem compreende que o poder é adaptável a fins tanto bons quanto maus não se surpreenderá ao ver que os bêbados e as prostitutas devem chegar ao reino do céu antes dos beatos. Esses dois primeiros tipos ao menos são meticulosos no caminho que adotaram, por mais vil que ele seja, e meticulosidade é força. É preciso apenas que essa força seja desviada do mal para o bem, e pronto! O odiado pecador torna-se o excelso santo!

Devemos ter uma mente firme, estabelecida, determinada. Devemos decidir com base em princípios, que são um melhor apoio em todas as questões, e que nos guiarão com mais

OS PRINCÍPIOS NOS DEFENDERÃO DE TODOS OS INIMIGOS, NOS LIVRARÃO DE TODOS OS PERIGOS, ILUMINARÃO NOSSO CAMINHO ATRAVÉS DE TODA ESCURIDÃO E DE TODAS AS DIFICULDADES. SERÃO COMO UMA LUZ NA ESCURIDÃO, UM LUGAR PARA REPOUSAR DA DOR E UM REFÚGIO DE TODOS OS CONFLITOS DO MUNDO.

segurança através do labirinto de opiniões conflitantes. Com eles, somos infundidos com uma inabalável coragem na batalha da vida. Tendo adotado quais serão nossos princípios, eles devem representar para nós mais do que qualquer ganho ou felicidade, mais até do que a própria vida, e, se nunca os abandonarmos, descobriremos que eles nunca nos abandonarão; os princípios nos defenderão de todos os inimigos, nos livrarão de todos os perigos, iluminarão nosso caminho através de toda escuridão e de todas as dificuldades. Serão como uma luz na escuridão, um lugar para repousar da dor e um refúgio de todos os conflitos do mundo.

A *dignidade* veste, com traje majestoso, a mente perseverante. Aquele que é tão inflexível quanto uma barra de aço quando se espera que transija com mal, e flexível como uma vara de salgueiro ao se adaptar ao que é bom, carrega consigo uma dignidade que acalma e eleva quem estiver em sua presença.

A mente inconstante, aquela que não está ancorada em princípios fixos, que é teimosa quando seus desejos são ameaçados e complacente quando seu bem-estar está em jogo, não tem nenhuma sobriedade, nenhum equilíbrio, nenhuma serenidade.

Quem é digno não pode ser espezinhado e escravizado, porque cessou de pisotear e escravizar a si mesmo. Essa pessoa desarma de imediato, com um olhar, uma palavra, um silêncio sábio e sugestivo, qualquer tentativa de rebaixamento. Sua mera presença age como uma saudável censura para o leviano e o inconveniente, ao passo que é uma rocha de força para o amante do bem.

A principal razão pela qual as pessoas dignas impõem respeito, porém, não é seu respeito próprio inabalável, mas tratarem todos os outros com gentileza e a devida estima. O orgulhoso ama a si mesmo e trata os que estão abaixo dele com arrogância e desdém, pois para o orgulhoso o amor a si mesmo e o desdém pelos outros são equivalentes, de modo que quanto maior é o amor-próprio, maior é a arrogância. A verdadeira dignidade, então, resulta não do amor-próprio, mas do sacrifício próprio, isto é, da adesão imparcial a um princípio central estabelecido. A dignidade do juiz decorre do fato de que, no desempenho de sua missão, ele põe de lado toda consideração pessoal e se baseia unicamente na lei; sua diminuta personalidade, instável e fugaz, torna-se nada, ao passo que a lei, duradoura e majestosa, torna-se tudo. Se, ao decidir um caso, um juiz ignorasse a lei e se deixasse levar pelos seus sentimentos e preconceitos, sua dignidade desapareceria. O mesmo acontece com pessoas dignas e de caráter — elas se apoiam na lei divina, e não nos seus sentimentos, pois no instante em que cedemos à paixão, sacrificamos a dignidade e tomamos um lugar na multidão dos insensatos e descontrolados.

É possível ter serenidade e dignidade na medida em que agimos com base em um princípio estabelecido. É preciso apenas que esse princípio seja correto e, portanto, incontestável. Enquanto respeitamos um princípio assim e não vacilamos ou decaímos no elemento pessoal, as paixões, os preconceitos e os interesses, por mais poderosos que sejam, serão fracos e ineficazes diante da força invencível de nosso princípio incorruptível e por fim submeterão suas confusões e indignidades a seu único e majestoso direito.

A *independência* é o patrimônio dos fortes e controlados. Todo ser humano ama a liberdade e luta por ela. Todos aspiramos a alguma espécie de liberdade. Todo ser humano deve trabalhar para si mesmo ou para a comunidade.

A menos que a pessoa tenha alguma deficiência física, invalidez crônica ou incapacidade mental, ela deve se envergonhar de depender dos outros para tudo sem oferecer nada em troca. Se alguém imagina que essa condição é liberdade, saiba que se trata de uma das piores formas de escravidão. Chegará o tempo em que ser um zangão na colmeia humana, até (como as coisas estão agora) um zangão respeitável e não um pobre vagabundo, será uma desgraça pública, e não será mais respeitável.

A independência, a gloriosa liberdade, vem por meio do trabalho e não da ociosidade, e as pessoas autossuficientes são fortes demais, honradas demais, íntegras demais para depender dos outros como se fossem um bebê. Elas ganham, com as mãos ou com o cérebro, o direito de viver como convém a uma pessoa digna e cidadã; não importa se tiver nascido rica ou pobre, pois riquezas não são desculpa para ociosidade; aliás, são antes uma oportunidade para trabalhar, com as raras facilidades que proporcionam, para o bem da comunidade.

Somente aquele que se sustenta é livre, autossuficiente e independente.

Esta é a natureza dos Oito Pilares explicada. Em que alicerce eles repousam, de que maneira são construídos, seus ingredientes, a natureza quádrupla do material de que cada um é composto, que posições eles ocupam e como sustentam o Templo que todos podem agora construir. Quem os conhecia superficialmente, agora os conhece de forma mais completa. Quem já os conhecia perfeitamente agora pode se regozijar na sistematização e simplificação da ordem moral na Prosperidade. Consideremos o próprio Templo, para que possamos conhecer o poder de seus Pilares, a força de suas paredes, a resistência de seu telhado e a beleza arquitetônica e a perfeição do todo.

10 O TEMPLO DA PROSPERIDADE
—

Quem acompanhou o curso deste livro com o objetivo de obter informações sobre os detalhes do rendimento, das transações comerciais, do lucro e do prejuízo em vários empreendimentos, dos preços, dos mercados, dos acordos, dos contratos e outros assuntos relacionados à realização da prosperidade, terá notado a completa ausência de instruções sobre esses detalhes. A razão para isso é quádrupla, a saber:

Primeiro. Detalhes não se sustentam por si sós e nada constroem, a não ser quando associados a princípios de forma inteligente.

Segundo. Os detalhes são infinitos e mudam o tempo todo, ao passo que os princípios são poucos, eternos e imutáveis.

Terceiro. Os princípios são coerentes em todos os detalhes, regulando-os e harmonizando-os, de modo que adotar princípios corretos é estar correto em todos os detalhes subsidiários.

Quarto. Aquele que ensina uma verdade em qualquer direção *deve* aderir rigidamente a princípios; não deve se desviar para o labirinto sempre cambiante dos pormenores privados e dos detalhes pessoais, porque tais pormenores e detalhes têm somente uma verdade local e são necessários apenas para certos indivíduos, ao passo que princípios são universalmente corretos e necessários para toda a humanidade.

Aquele que compreende os princípios deste livro de modo a praticá-los com inteligência será capaz de alcançar o cerne desta quádrupla razão. Os detalhes dos negócios são importantes, mas servem a *uma só pessoa* ou a seu ramo de atividade em particular, e tudo que não diz respeito a esse ramo não importa à pessoa em questão. Já os princípios morais são os mesmos para todos; são aplicáveis em qualquer situação e governam todos os pormenores.

Quem trabalha com base em princípios estabelecidos não precisa se incomodar com as complicações de numerosos detalhes. Pessoas assim compreenderão a totalidade dos detalhes num único pensamento e verão todos eles de ponta a ponta, iluminados pela luz dos princípios a que estão relacionados, e isso sem atrito, sem qualquer ansiedade e tensão.

Enquanto os princípios não forem compreendidos, os detalhes serão tratados como assuntos primordiais e vistos de tal maneira que levam a inúmeras complicações e problemas. À luz dos princípios, os detalhes são identificados como fatos secundários, e assim todas as dificuldades associadas a eles são imediatamente superadas e anuladas.

Aquele que se envolve em numerosos detalhes sem o elemento regulador e sintetizador dos princípios é como alguém perdido numa floresta, sem uma trilha direta para atravessar em meio à multidão de objetos. Essa pessoa é engolida pelos detalhes, ao passo que quem se baseia em princípios contém todos os detalhes dentro de si; esta pessoa permanece fora

PARA TER O CORPO DA PROSPERIDADE – SUA APRESENTAÇÃO MATERIAL –, DEVEMOS PRIMEIRO TER O ESPÍRITO DA PROSPERIDADE, E ELE NADA MAIS É DO QUE O ESPÍRITO ÁGIL DA VIRTUDE MORAL.

---

deles, por assim dizer, e os compreende em sua totalidade, enquanto a outra só consegue ver os poucos detalhes que estão mais próximos naquele momento.

Todas as coisas estão contidas nos princípios. Eles são as leis das coisas, e todas elas respondem às suas leis. É um erro ver os elementos separadamente de sua natureza. Seus detalhes são a letra da qual os princípios são o espírito. É tão verdadeiro na arte, na ciência, na literatura e no comércio quanto na religião que "a letra mata, o espírito vivifica". Nosso corpo, com sua maravilhosa combinação de partes, é importante, mas somente em sua relação com o espírito. Se este é retirado, o corpo se torna inútil e é posto de lado.

O corpo de uma empresa, com todos os seus complexos detalhes, é importante, mas somente em sua relação com os princípios vivificantes pelos quais ela é controlada. Uma vez retirados esses princípios, a empresa perecerá.

Para ter o corpo da prosperidade — sua apresentação material —, devemos primeiro ter o espírito da prosperidade, e ele nada mais é do que o espírito ágil da virtude moral. Sabemos que a cegueira moral prevalece. Vemos dinheiro, propriedade, prazer, lazer etc., e, confundindo-os com prosperidade, nos esforçamos para obtê-los em benefício próprio, mas, quando os obtemos, não encontramos neles nenhum prazer.

A prosperidade é, antes de tudo, um espírito, uma atitude mental, uma força moral, uma vida que se manifesta exteriormente em plenitude, felicidade, alegria. Assim como um homem não se torna um gênio apenas ao escrever poemas, ensaios e peças, mas sim ao desenvolver e adquirir a alma do gênio — quando a escrita se seguirá como um efeito da causa —, uma pessoa não se torna próspera entesourando dinheiro e ganhando imóveis e bens; isso só é possível se ela desenvolver e incorporar a alma da virtude, quando os acessórios materiais se seguirão como efeitos da causa, pois o espírito da virtude é o espírito da alegria e contém em si toda a abundância, satisfação e plenitude da vida.

Não há nenhuma alegria no dinheiro, não há nenhuma alegria na propriedade, não há nenhuma alegria na acumulação material ou em apenas possuir quaisquer bens materiais. São todas coisas mortas e inanimadas. O espírito da alegria deve estar em nós ou não estará em lugar nenhum.

Devemos ter dentro de nós a capacidade da alegria. Ter a sabedoria para usar os bens da forma adequada, em vez de somente acumulá-los. Devemos possuí-los, mas não ser possuídos por eles. As coisas devem depender de nós, não o contrário. São elas que devem nos seguir, e não nós vivermos correndo atrás delas; as coisas inevitavelmente virão se tivermos os elementos morais com os quais elas se relacionam.

Nada está ausente do Reino do céu; ele contém tudo que é bom, verdadeiro e necessário e "o Reino de Deus está dentro de você". Conheço pessoas ricas que encontraram a felicidade suprema porque são generosas, magnânimas, puras e alegres; mas também conheço pessoas ricas que são muito infelizes, e estas buscam felicidade no acúmulo de dinheiro e bens, e não desenvolveram o espírito do bem e da alegria dentro de si.

Mas como se pode dizer que uma pessoa infeliz é "próspera" se sua renda anual é muito baixa? Deve haver adequação, harmonia e satisfação na verdadeira prosperidade. Quando uma pessoa rica é feliz, ela levou o espírito da felicidade para sua riqueza, não o contrário. Ela é plena, com plenas vantagens e responsabilidades materiais, ao passo que a pessoa rica e infeliz é vazia e busca obter da riqueza aquela plenitude de vida que só pode ser desenvolvida dentro de si. Assim, a prosperidade se reduz a uma capacidade moral e à sabedoria de usar corretamente as coisas materiais que são inseparáveis de nossa vida terrena, e desfrutar legitimamente delas. Se uma pessoa quiser ser livre por fora, que seja primeiro livre por dentro, pois se estiver o espírito ancorado pela fraqueza, pelo egoísmo ou pelo vício, como poderá a posse de dinheiro libertá-la? A riqueza não terá justamente o efeito contrário, sendo, em suas mãos, um instrumento para que ela se escravize ainda mais?

Os efeitos visíveis da prosperidade, portanto, não devem ser considerados de forma isolada, mas em sua relação com a causa mental e moral. Há um alicerce oculto em toda construção; o fato de ela continuar de pé é prova disso. Há um alicerce oculto em toda força de sucesso estabelecido; sua permanência prova que é assim. A prosperidade se

OS EFEITOS VISÍVEIS DA PROSPERIDADE NÃO DEVEM SER CONSIDERADOS DE FORMA ISOLADA, MAS EM SUA RELAÇÃO COM A CAUSA MENTAL E MORAL. HÁ UM ALICERCE OCULTO EM TODA CONSTRUÇÃO; O FATO DE ELA CONTINUAR DE PÉ É PROVA DISSO.

ergue sobre o *caráter*, e não há, em todo o amplo universo, nenhum outro alicerce além desse. A verdadeira riqueza é o conjunto composto por felicidade, proteção, bem-estar, saúde e integridade. Os ricos infelizes não são verdadeiramente ricos. São meramente pessoas sobrecarregadas com dinheiro, luxos e lazer, que são utilizados como instrumentos de autotortura. Por seus bens elas amaldiçoam a si mesmas.

Pessoas de moral são sempre abençoadas, felizes, e suas vidas, vistas como um todo, são sempre um sucesso. Para elas não há exceção, pois não importam as eventuais falhas presentes nos detalhes, a obra acabada de suas vidas será eternamente sólida, inteira, completa; essas pessoas desfrutarão de uma consciência tranquila, um nome honrado e de todas as múltiplas bênçãos que são indissociáveis da riqueza de caráter — uma riqueza moral sem a qual a riqueza financeira não se beneficiará nem satisfará.

Façamos uma breve recapitulação e vejamos novamente os Oito Pilares em sua força e esplendor:

Energia — Estimular o próprio eu para empregar vigoroso e incansável esforço na realização do próprio dever.

Economia — Concentrar energia e conservar tanto capital quanto caráter, sendo este último traduzido em capacidade mental, e, portanto, da máxima importância.

Integridade — Honestidade inabalável; manter invioladas todas as promessas, acordos e contratos, não importam as perspectivas de perda ou ganho.

Sistema — Tornar todos os detalhes subservientes à ordem e, reduzindo muitos a um, aliviar a memória e a mente de trabalhos supérfluos e tensões.

Compaixão — Magnanimidade, generosidade, bondade e sensibilidade; ser generoso, livre e bom.

Sinceridade — Ser íntegro e são, vigoroso e verdadeiro; e, desse modo, não ser uma pessoa em público e outra em privado; não se gabar de boas ações aos quatro ventos enquanto pratica más ações em segredo.

Imparcialidade — Justiça; não lutar por si mesmo, e sim considerar ambos os lados e agir de acordo com a equidade.

Autoconfiança — Contar apenas consigo mesmo para buscar força e apoio, baseando-se em princípios estabelecidos e invencíveis, e não confiando em coisas externas que a qualquer momento podem ser arrebatadas.

Como alguém que se baseia sobre esses Oito Pilares pode deixar de ser bem-sucedido? Seu vigor é tamanho que nenhuma força física ou intelectual pode se comparar a ele; e ter construído todos os Oito Pilares perfeitamente tornaria esse alguém invencível. Será constatado, contudo, que costumamos ser fortes em uma ou várias destas qualidades e fracos em outras, e é essa fraqueza que provoca o fracasso. É tolice, por exemplo, atribuir o fracasso nos negócios à honestidade da pessoa. É impossível que a honestidade produza esse resultado. Deve-se procurar a causa do fracasso em outra direção — na falta, e não na posse, de uma boa qualidade necessária. Além disso, a atribuição de fracasso à honestidade é uma ofensa à integridade do comércio; e uma falsa acusação às pessoas, muito numerosas, que honrosamente se engajam nessa atividade. É possível ser forte em Energia, Economia e Sistema, mas relativamente fraco nos outros cinco pilares. Um indivíduo assim só deixará de obter completo sucesso se carecer de um dos quatro pilares angulares, a Integridade. Seu templo cederá sobre este alicerce debilitado, pois os quatro primeiros pilares *devem* estar bem firmes para que o Templo da Prosperidade possa se sustentar em segurança. Eles são as primeiras qualidades a serem adquiridas na evolução moral, e sem elas as outras quatro não serão obtidas. Novamente, se alguém é forte nos três primeiros pilares, mas que careça do quarto, a ausência de ordem provocará confusão e desastre em seus negócios; e assim por diante com qualquer combinação parcial dessas qualidades, especialmente das quatro primeiras, pois as quatro restantes são de um caráter tão sublime que atualmente só podemos possuí-las, com raras exceções, numa forma mais ou menos imperfeita. A pessoa, portanto, que deseja obter um sucesso duradouro em qualquer ramo do comércio, ou numa das muitas linhas da indústria em que os indivíduos costumam atuar, *deve* incorporar a seu caráter, pela prática, os quatro primeiros Pilares morais. Por esses princípios estabelecidos é que se deve regular o pensamento, a conduta e os negócios; consultá-los em toda dificuldade, fazendo cada detalhe obedecer a eles, e, acima de tudo, *nunca os abandonar, em nenhuma circunstância, para obter alguma vantagem pessoal ou poupar algum trabalho pessoal*, pois abandoná-los dessa maneira é estar suscetível aos elementos desintegradores do mal e tornar-se vulnerável a acusações. Aquele que obedece a esses quatro princípios alcançará uma boa dose de sucesso em seu trabalho, seja qual for. Seu Templo da Prosperidade estará bem-construído e bem-sustentado, e se manterá firme. A perfeita prática desses quatro princípios está ao alcance de todos que se disponham a estudá-los com esse objetivo em vista, pois são tão simples e claros que uma criança poderia compreendê-los e sua aplicação não exige um grau extraordinário de sacrifício, embora requeira alguma abnegação e disciplina, sem as quais o sucesso não pode existir neste mundo prático. Os quatro últimos pilares, no entanto, são princípios de natureza mais profunda, mais difíceis de apreender e praticar, e exigem o grau máximo de autossacrifício e abnegação. Poucos, no momento, podem alcançar o desapego do elemento pessoal que sua prática perfeita exige, mas os poucos que realizam isso em algum grau significativo aumentarão vastamente seus poderes, enriquecerão sua vida e adornarão seu Templo da Prosperidade com uma beleza singular e atraente. Essa beleza, por sua vez, alegrará e elevará todos os que o contemplarem até muito depois de seus construtores terem partido.

Aqueles que estão começando a construir seu Templo segundo os ensinamentos deste livro, porém, devem considerar que erguer um edifício demanda tempo, e que ele precisa ser levantado com paciência, tijolo sobre tijolo e pedra sobre pedra, e que seus Pilares devem ser firmemente assentados e cimentados, e que serão necessários labuta e cuidado para completar a tarefa. Embora invisível e silenciosa, a construção desse Templo mental interior não é menos real e substancial que qualquer outra, posto que em sua edificação, assim como na do Templo de Salomão, que levou "sete anos para ser construído", pode-se dizer que "não houve nem martelo, nem machado, nem nenhuma ferramenta de ferro ouvida na casa enquanto estava em construção".

Apesar disso, ó leitor, construa seu caráter, edifique a morada da sua vida, erga seu Templo da Prosperidade. Não seja como o insensato que levanta e cai sob o fluxo incerto dos desejos egoístas: esteja em paz em seu trabalho, coroe sua carreira com sentido e, assim, assuma um lugar entre os sábios que, sem hesitação, constroem sobre um alicerce firme e seguro erigido segundo os Princípios da Verdade, que duram para sempre.

JAMEALI

Você é o que você pensa

A mente é o poder Superior que molda e faz,
E o Homem é Mente, e cada vez mais ele pega
A ferramenta do Pensamento, e, moldando o que ele quer,
Produz um milhar de alegrias, um milhar de males: —
Ele pensa em segredo, e a coisa acontece:
O ambiente é apenas o seu espelho.

INTRODUÇÃO

5

Este pequeno volume (resultado de meditação e experiência) não pretende ser um tratado exaustivo sobre o tema do poder do pensamento, acerca do qual tanto já se escreveu. Ele é mais sugestivo do que explicativo, e sua finalidade é estimular homens e mulheres à descoberta e à percepção da verdade de que

"São eles os criadores de si mesmos",

em virtude dos pensamentos que escolhem e estimulam; que a mente é o tecelão superior, tanto da vestimenta interna do caráter quanto da vestimenta externa da circunstância, e que, assim como eles podem até o momento ter tecido em ignorância e dor, podem enfim tecer em iluminação e felicidade.

James Allen
Broad Park Avenue
Ilfracombe, Inglaterra

PENSAMENTO E CARÁTER

O aforismo "Como um homem pensa em seu coração, assim ele é" não abarca apenas a totalidade do ser humano, mas é tão abrangente que alcança todas as condições e circunstâncias de sua vida. Somos literalmente *o que pensamos*, e nosso caráter representa a soma de todos os nossos pensamentos.

Assim como a planta brota da semente, e não poderia existir sem ela, cada ato do indivíduo brota das sementes ocultas do pensamento e não poderia emergir sem elas. Isso se aplica tanto aos atos chamados "espontâneos" e "não premeditados" quanto aos deliberadamente executados.

O ato é a flor do pensamento, e alegria e sofrimento são seus frutos; assim, uma pessoa colhe a frutificação doce e amarga de seu próprio cultivo.

"Pensamento na mente nos construiu. O que nós somos foi forjado e construído por pensamento. Se a mente de

um homem foi com maus pensamentos nutrida, o sofrimento lhe sobrevém assim como a roda vem atrás do boi...
...Se ele suportar
Em pureza de pensamento, a alegria o acompanhará
Como sua sombra — não há como duvidar"

O ser humano é um desenvolvimento por lei, e não uma criação por artifício, e causa e efeito é algo tão absoluto e

UM CARÁTER NOBRE E DIVINO NÃO É UM PRODUTO DE FAVOR OU ACASO, MAS O RESULTADO NATURAL DO ESFORÇO CONSTANTE SEGUNDO UM PENSAMENTO CORRETO, O EFEITO DE UMA ASSOCIAÇÃO ALIMENTADA POR UM LONGO TEMPO COM PENSAMENTOS DIVINOS.

inalterável no reino oculto do pensamento quanto no mundo das coisas visíveis e materiais. Um caráter nobre e divino não é um produto de favor ou acaso, mas o resultado natural do esforço constante segundo um pensamento correto, o efeito de uma associação alimentada por um longo tempo com pensamentos divinos. Um caráter ignóbil e bestial, pelo mesmo processo, é o resultado do cultivo constante de pensamentos sórdidos.

Toda pessoa é feita ou desfeita por si mesma; no arsenal do pensamento, ela forja as armas com que destrói a si mesma; ela molda também as ferramentas com as quais constrói para si mansões celestiais de alegria, força e paz. Mediante a escolha correta e a verdadeira aplicação do pensamento, ascendemos à Perfeição Divina; mediante o abuso e a aplicação errada do pensamento, descemos abaixo do nível do animal. Entre os dois extremos estão todos os graus de caráter, e somos nós seus criadores e senhores.

De todas as belas verdades pertencentes à alma que foram restauradas e trazidas à luz nesta era, nenhuma dá mais alegria ou gera mais promessa divina e confiança do que esta: somos senhores do pensamento, desenvolvedores do caráter, criadores e modeladores de condição, ambiente e destino.

Como um ser de Poder, Inteligência e Amor, e senhor dos próprios pensamentos, o ser humano detém a chave de todas as situações e leva dentro de si a força transformadora e regenerativa com a qual se pode tornar o que quiser.

Somos sempre o senhor, mesmo em nosso estado mais enfraquecido e desamparado; quando enfraquecidos e degradados, porém, somos um senhor insensato que administra mal sua "casa". Quando começamos a refletir sobre nossa condição e a procurar diligentemente a Lei sobre a qual nosso ser está estabelecido, nos tornamos então o senhor sábio, que gerencia suas energias com inteligência e elabora os pensamentos para questões frutíferas. Esse é o senhor *consciente*, e só podemos nos tornar assim descobrindo *dentro de nós mesmos* as leis do pensamento; e tal descoberta é puramente uma questão de aplicação, autoanálise e experiência.

Somente após muito garimpar, obtém-se o ouro e os diamantes; da mesma forma, é possível encontrar todas as verdades conectadas com o ser se escavarmos até as profundezas da mina da alma; e podemos provar inequivocadamente que somos criadores do nosso caráter, desenvolvedores de nossa vida e construtores de nosso destino se vigiarmos, controlarmos e alterarmos nossos pensamentos, rastreando seus efeitos sobre nós, sobre os outros e sobre a vida e suas circunstâncias, identificando as causas e os efeitos por meio da prática e da investigação paciente, valendo-nos de todas as experiências, até a ocorrência cotidiana mais trivial, como uma forma de obter o autoconhecimento que é Compreensão, Sabedoria e Poder. Nessa direção, como em nenhuma outra, está a lei absoluta de que "Aquele que procura encontra; e para aquele que bate a porta será aberta", pois somente por meio de paciência, de prática e de incessante importunação podemos entrar pela Porta do Templo do Conhecimento.

EFEITO DO PENSAMENTO E DAS CIRCUNSTÂNCIAS

A mente é comparável a um jardim, que pode ser cultivado com inteligência ou deixado a crescer selvagemente; mas seja cultivado ou negligenciado, ele deve, e vai, *produzir*. Se nenhuma semente útil for *introduzida*, então uma abundância de sementes de ervas daninhas cairá em seu solo e crescerá.

Assim como um jardineiro cultiva seu terreno, mantendo-o livre de ervas daninhas e cultivando as flores e frutos de que necessita, podemos cuidar do jardim da mente, extirpando todos os pensamentos errôneos, inúteis e impuros para cultivar rumo à perfeição as flores e frutos de pensamentos corretos, úteis e puros. Adotando esse processo, mais cedo ou mais tarde descobrimos que somos nós o jardineiro-mestre de nossa alma, o diretor de nossa vida. Descobrimos também, dentro de nós mesmos, as leis do pensamento e compreendemos, com acuidade cada vez maior, como as forças do pensamento e a mente operam na conformação do caráter, das circunstâncias e do destino.

Pensamento e caráter são uma só coisa, e como o caráter só pode se manifestar e se descobrir por meio do ambiente e das circunstâncias, sempre se verificará que as condições externas da vida de uma pessoa estão harmoniosamente relacionadas com seu estado interno. Isso não significa que as circunstâncias em um determinado momento são uma indicação de *todo* o caráter de alguém, mas que essas circunstâncias estão tão intimamente conectadas com algum elemento de pensamento dessa pessoa que, temporariamente, são indispensáveis a seu desenvolvimento.

Todos estamos onde estamos pela lei de nosso ser; os pensamentos que incorporamos ao nosso caráter nos trouxeram para tal lugar, e o arranjo de nossa vida não é um fruto do acaso, visto que tudo é o resultado de uma lei que não se engana. Isso se aplica tanto àqueles que se sentem "em desarmonia" com seu ambiente quanto àqueles que estão satisfeitos com ele.

Como um ser progressivo e em evolução, o ser humano está onde está para aprender que pode crescer; e ao aprender a lição espiritual que qualquer circunstância apresenta, esta desaparece e dá lugar a outras.

Somos fustigados por circunstâncias enquanto acreditamos que elas resultam de condições exteriores; mas, quando compreendemos que somos um poder criativo e capazes de comandar o solo e as sementes ocultas de nosso ser a

A ALMA ATRAI AQUILO QUE NUTRE EM SEU ÍNTIMO; AQUILO QUE AMA, E TAMBÉM O QUE TEME; ELA ATINGE A ALTURA DAS ASPIRAÇÕES QUE ACALENTA; ELA CAI AO NÍVEL DE SEUS DESEJOS IMPUROS – E AS CIRCUNSTÂNCIAS SÃO O MEIO PELO QUAL A ALMA RECEBE O QUE LHE É DEVIDO.

---

partir das quais as circunstâncias se desenvolvem, então nos tornamos legítimos senhores de nós mesmos.

Toda pessoa que durante algum tempo tenha praticado o autocontrole e a autopurificação sabe que as circunstâncias nascem do pensamento, pois terá percebido que sua situação mudou na mesma proporção em que sua condição mental foi alterada. Isso é tão verdadeiro que, quando uma pessoa se empenha de verdade em corrigir os defeitos de seu caráter, e faz um progresso acelerado e notável, ela passa rapidamente por uma sucessão de mudanças.

A alma atrai aquilo que nutre em seu íntimo; aquilo que ama, e também o que teme; ela atinge a altura das aspirações que acalenta; ela cai ao nível de seus desejos impuros — e as circunstâncias são o meio pelo qual a alma recebe o que lhe é devido.

Toda semente de pensamento que germinou na mente ou se permitiu que nela caísse e se enraizasse produz sua própria concepção, florescendo mais cedo ou mais tarde em ações, e produzindo seus próprios frutos de oportunidade e circunstância. Bons pensamentos produzem bons frutos; maus pensamentos, maus frutos.

O mundo exterior das circunstâncias se molda ao mundo interior do pensamento, e as condições externas, tanto as agradáveis quanto as desagradáveis, são fatores que contribuem para o bem supremo do indivíduo. No papel de ceifadores de nossas próprias colheitas, aprendemos tanto pelo sofrimento quanto pela alegria.

Ao seguir os desejos, aspirações e pensamentos mais profundos pelos quais nos permitimos ser dominados (perseguindo as quimeras de imaginações impuras ou trilhando resolutamente a estrada do esforço vigoroso e elevado), finalmente chegamos à fruição e à realização nas condições exógenas de sua vida. As leis do crescimento e do ajustamento se impõem em toda parte.

Ninguém vai parar em um abrigo para pobres ou na cadeia pela tirania do destino das circunstâncias, mas sim ao percorrer uma trilha de pensamentos baixos e desejos vis. Tampouco quem tem a mente pura cai de repente no crime pela pressão de uma força externa qualquer; o pensamento criminoso já vinha sendo nutrido por muito tempo em seu coração, e quando surgiu a oportunidade, seu poder acumulado veio à tona. A circunstância não faz o homem; ela o revela para ele mesmo. A queda no vício e nos sofrimentos que o acompanham jamais acontece na ausência de tendências viciosas, e a ascensão à virtude e sua pura felicidade não ocorre sem o constante cultivo de inspirações virtuosas; e nós, portanto, como senhores e mestres do pensamento, somos os criadores de nós mesmos, modeladores e autores do ambiente. Mesmo no nascimento, a alma chega à sua posição natural e através de cada passo de sua peregrinação terrena atrai as combinações de condições que a revelam, que são os reflexos de sua pureza e impureza, de sua força e fraqueza.

Não atraímos aquilo que *desejamos*, mas aquilo que somos. Seus caprichos, fantasias e ambições são contrariados a cada passo, mas seus pensamentos e desejos mais profundos são alimentados com sua própria comida, seja ela de péssima ou boa qualidade. A "divindade que molda nossos objetivos" está em nós mesmos; ela é nosso próprio eu. O eu é aquilo que nos ata: pensamento e ação são os carcereiros do Destino — eles aprisionam, sendo vis; mas são também os anjos da Liberdade — eles libertam, sendo nobres. Ninguém alcança aquilo que deseja ou o que reza para alcançar, mas aquilo que merece. Nossos desejos e preces só são gratificados e atendidos quando se harmonizam com nossos pensamentos e ações.

À luz dessa verdade, qual é então o significado de "lutar contra as circunstâncias"? Isso significa se revoltar constantemente contra um *efeito* externo, enquanto o tempo todo se alimenta e se preserva a *causa* no coração. Essa causa pode assumir a forma de um vício consciente ou de uma fraqueza inconsciente; mas, seja o que for, ela retarda obstinadamente os esforços de quem a possui, e assim clama por remédio.

Ansiamos melhorar nossas circunstâncias, mas nos recusamos a nos aperfeiçoar e assim permanecemos, portanto, limitados. Quem não recua diante da autocrucificação jamais deixará de realizar o objetivo a que seu coração se destina. Isso é tão verdadeiro para as coisas terrenas quanto para as coisas celestes. Até a pessoa cujo único objetivo é acumular riqueza deve estar preparada para fazer grandes sacrifícios pessoais antes de poder alcançá-lo; imagine aquele que almeja ter uma vida cheia de vigor e bem-equilibrada?

Vejamos alguém que é miserável. Alguém que anseia profundamente por melhoras no ambiente onde mora, mas que o tempo todo se furta a seu trabalho e considera que seu escasso salário justifica suas tentativas de enganar o patrão. Pessoas assim não apresentam nem a mais elementar compreensão daqueles princípios que são a base da verdadeira prosperidade. E, embora não sejam totalmente inaptas para se erguer acima de sua miséria, estão na verdade atraindo para si uma condição ainda mais lastimável ao remoer, e pôr em prática, pensamentos indolentes, enganosos e pouco dignos.

Vejamos uma pessoa rica que seja vítima de uma doença penosa e persistente resultante de sua gula. Ela está disposta a dar grandes somas de dinheiro para se livrar desse mal, mas não sacrificará seus desejos glutões. Ela quer satisfazer seu gosto por iguarias opulentas e pouco naturais, mas sem prejudicar sua saúde também. Uma pessoa assim é totalmente incapaz de ter boa saúde, porque ainda não aprendeu os primeiros princípios da vida saudável.

Vejamos um empregador de mão de obra que adote medidas desonestas para evitar pagar salários justos e que, na esperança de obter lucros maiores, reduz os ganhos de seus funcionários. Uma pessoa assim é totalmente incapaz de prosperar, e quando se vê falida, tanto no que diz respeito à sua reputação quanto aos seus bens, culpa as circunstâncias, não sabendo que ela mesma é a única autora de sua situação.

Apresentei esses três casos apenas para ilustrar a verdade de que somos os agentes (embora quase sempre de maneira inconsciente) de nossas circunstâncias, e que, embora visando a um bom fim, estamos continuamente frustrando nossas realizações ao encorajar pensamentos e desejos que não podem harmonizar com esse fim. Esses casos poderiam ser multiplicados quase infinitamente, e deles se podem gerar inúmeras variações; no entanto, isso não é necessário, pois o leitor pode, se assim decidir, traçar a ação das leis do pensamento em sua própria mente e vida, e, até que isso seja feito, meros fatos externos não podem servir como base de raciocínio.

As circunstâncias, no entanto, são muito complicadas, o pensamento está enraizado de forma muito profunda e as condições da felicidade variam tanto de pessoa para pessoa que toda a nossa condição anímica (embora possa ser conhecida por nós mesmos) não pode ser julgada por outro analisando-se apenas o aspecto externo da vida. Há quem seja honesto em certas direções, e no entanto sofra privações; há quem seja desonesto em certas direções, e contudo adquira fortuna; mas a conclusão de que uma pessoa *fracassou por ser honesta* e outra *prosperou porque foi desonesta* em geral resulta de um julgamento superficial, que supõe que os desonestos são quase totalmente corruptos, e os honestos quase inteiramente virtuosos. À luz de um conhecimento mais profundo e de uma experiência mais ampla, constatamos que se trata de um julgamento errôneo. Pessoas desonestas podem, sim, ter algumas virtudes admiráveis que outras não possuem. Já as honestas podem ter vícios detestáveis que outras não cultivam. As honestas colhem os bons resultados de seus pensamentos e atos honestos; também fazem recair sobre si os sofrimentos que seus vícios produzem. As desonestas acumulam igualmente os próprios sofrimentos e alegrias.

É agradável para a vaidade humana acreditar que sofremos por causa de nossa virtude; mas enquanto não extirparmos todo pensamento doentio, amargo e impuro da mente, e lavarmos todas as manchas pecaminosas da alma, não estaremos em condição de saber e declarar que nossos sofrimentos são o resultado das boas qualidades, e não das más; e no caminho para lá, ainda muito antes que tenhamos alcançado a suprema perfeição, teremos descoberto, trabalhando em nossa mente e nossa vida, a Grande Lei, que é absolutamente justa

BONS PENSAMENTOS E AÇÕES NUNCA PRODUZEM MAUS RESULTADOS; MAUS PENSAMENTOS E AÇÕES NUNCA PRODUZEM BONS RESULTADOS.

e não pode, portanto, dar bem por mal e mal por bem. Com esse conhecimento, saberemos então, olhando em retrospecto para nossa ignorância e cegueira do passado, que a vida é, e sempre foi, ordenada de forma justa e que todas as nossas experiências, boas e más, eram a decorrência equitativa do eu em evolução, embora ainda não evoluído.

Bons pensamentos e ações nunca produzem maus resultados; maus pensamentos e ações nunca produzem bons resultados. Isso significa apenas que nada pode provir de milho exceto milho, nada pode provir de urtigas exceto urtigas. No que diz respeito ao mundo natural, compreendemos esta lei e trabalhamos de acordo com ela; mas poucos de nós a compreendem no mundo mental e moral (embora sua operação seja igualmente simples e invariável), e, em consequência, não cooperam com ela.

O sofrimento é *sempre* o efeito de um pensamento equivocado em alguma direção. Ele é uma indicação de que o indivíduo está em desarmonia consigo mesmo, com a Lei de seu ser. A única e suprema utilidade do sofrimento é purificar, extinguir tudo que é inútil e impuro. O sofrimento cessa para aquele que é puro. Não há motivos para queimar o ouro depois que o refugo foi removido; portanto, um ser perfeitamente puro e iluminado não passa por aflições.

As circunstâncias que nos levam a lidar com o sofrimento são resultado de nossa desarmonia mental. As circunstâncias que nos levam ao encontro da beatitude são resultado de nossa harmonia mental. A beatitude, não os bens materiais, é a medida do pensamento correto; a desgraça, não a falta de bens materiais, é a medida do pensamento equivocado. Podemos ser amaldiçoados e ricos; podemos ser abençoados e pobres. Beatitude e riquezas só andam juntas quando estas são usadas de forma sábia e correta; o pobre só cai em desgraça quando vê sua sina como uma carga injustamente imposta.

Indigência e complacência são os dois extremos da desgraça. São condições igualmente anormais resultantes de estados de desordem mental. Ninguém está corretamente condicionado até que seja um ser feliz, saudável e próspero; e felicidade, saúde e prosperidade decorrem de um ajustamento harmonioso do interior com o exterior, do indivíduo com seu ambiente.

Só começamos a ser dignos quando cessamos de choramingar e injuriar para então buscarmos a justiça oculta que regula a vida. E à medida que adaptamos a mente a esse fator regulador, cessamos de atribuir aos outros a causa de nossa situação e passamos a nos sustentar em fortes e nobres pensamentos; paramos de nos rebelar contra as circunstâncias e começamos a *usá-las* como ferramentas para um progresso mais rápido, como um meio de descobrir os poderes ocultos e as possibilidades dentro de nós mesmos.

A lei, e não a desordem, é o princípio dominante no universo; a justiça, e não a injustiça, é a alma e a substância da vida; e a retidão, não a corrupção, é a força modeladora e motriz na governança espiritual do mundo. Sendo assim, só podemos buscar a correção própria e pensar que o universo está correto; e durante o processo dessa correção descobriremos que, à medida que mudamos nossa forma de pensar em relação às coisas e às pessoas, estas mudarão em relação a nós.

A prova dessa verdade está presente em cada um, portanto, pode ser facilmente investigada pela introspecção e pela autoanálise sistemática. Se alterarmos radicalmente nossos pensamentos, ficaremos espantados com a rápida transformação que isso produzirá nas condições materiais da vida. As pessoas imaginam que o pensamento pode ser mantido em segredo, mas se enganam; todo pensamento logo se cristaliza em hábito, e o hábito se solidifica em circunstância. Pensamentos impuros de todos os tipos se cristalizam em hábitos debilitantes e confusos, que se solidificam em circunstâncias perturbadoras e adversas. Pensamentos de medo, dúvida e indecisão se cristalizam em hábitos fracos, pouco dignos e resolutivos, que se solidificam em circunstâncias de fracasso, indigência e dependência servil. Pensamentos indolentes se cristalizam em hábitos de desonestidade e falta de asseio, que se solidificam em circunstâncias de sordidez e mendicância. Pensamentos de ódio e condenatórios se cristalizam em hábitos de acusação e violência, que se solidificam em circunstâncias de injúria e perseguição. Pensamentos interesseiros de todos os tipos se cristalizam em hábitos de egoísmo, que se solidificam em circunstâncias perturbadoras de maior ou menor grau. Por outro lado, belos pensamentos, quaisquer que sejam, se cristalizam em hábitos de graça e bondade, e se solidificam em circunstâncias amáveis e radiantes. Pensamentos puros se cristalizam em hábitos de temperança e autocontrole, que se solidificam em circunstâncias de repouso e paz. Pensamentos de coragem, autoconfiança e decisão se cristalizam em hábitos dignos, que se solidificam em circunstâncias de sucesso, abundância e liberdade. Pensamentos vigorosos se cristalizam em hábitos de higiene e diligência, que se solidificam em circunstâncias agradáveis. Pensamentos gentis e indulgentes se cristalizam em hábitos de amabilidade, que se solidificam em circunstâncias protetoras e preservativas. Pensamentos amorosos e generosos se cristalizam em hábitos de abnegação, que se solidificam em circunstâncias de prosperidade segura e duradoura e riquezas verdadeiras.

Persistir em uma linha de pensamento em particular, seja ela boa ou má, não pode deixar de produzir resultados sobre o caráter e as circunstâncias. Não podemos escolher *diretamente* a situação em que estaremos, mas podemos escolher nossos pensamentos e assim, indiretamente, embora com certeza, moldar as circunstâncias.

A natureza ajuda todas as pessoas a realizarem os pensamentos que mais encorajam, e apresentam-se oportunidades que mais rapidamente trarão à superfície tanto os bons quanto os maus pensamentos.

A pessoa que abandona pensamentos pecaminosos vê o mundo como um todo tornar-se mais suave e estará pronta para ajudá-lo; quem afasta os pensamentos fracos e doentios vê oportunidades brotarem por toda parte para ajudá-lo no caminho das decisões fortes; quem incentiva bons pensamentos não será condenado à miséria e à vergonha por nenhum destino árduo. O mundo é um caleidoscópio, e as diferentes combinações de cores que ele apresenta a cada momento são as imagens primorosamente ajustadas de nossos pensamentos em constante movimento.

"Assim Você será o que quer ser;
Deixe o fracasso encontrar seu falso conteúdo
Naquela pobre palavra 'ambiente',
Mas o espírito escarnece dela, e é livre.

"Ele domina o tempo, ele conquista o espaço;
Ele intimida esse trapaceiro presunçoso, o Acaso.
E acolhe a tirana Circunstância
Não Coroada e faz o papel de um criado.

"A Vontade humana, aquela força invisível,
O fruto de uma Alma imortal,

Pode abrir um caminho para qualquer meta,
Ainda que muros de granito intervenham.

Não seja impaciente em demoras,
Mas espere como quem compreende;
Quando o espírito se ergue e comanda
Os deuses estão prontos para obedecer."

O EFEITO DO PENSAMENTO SOBRE A SAÚDE E O CORPO

O corpo é servo da mente. Ele obedece às operações dela, sejam escolhidas com consciência, sejam expressas de forma automática. Diante das ordens de pensamentos indevidos, o corpo rapidamente submerge em doença e deterioração; ao comando de pensamentos alegres e belos, ele se reveste de juventude e beleza.

A doença e a saúde, como as circunstâncias, estão enraizadas no pensamento. Pensamentos doentios se expressarão através de um corpo adoecido. Sabe-se que pensamentos de medo matam uma pessoa tão rapidamente quanto um tiro, e que eles estão mesmo matando milhares de pessoas com a mesma eficácia de uma bala, ainda que mais lentamente. As pessoas que vivem com medo de doença são aquelas que adoecem. A ansiedade perverte rapidamente o corpo inteiro e o deixa aberto para a entrada dos males; ao passo que pensamentos impuros, mesmo

O PENSAMENTO É A FONTE DA AÇÃO, DA VIDA E DA MANIFESTAÇÃO; TORNE A FONTE PURA, E TUDO O MAIS SERÁ PURO.

---

que não sejam fisicamente desfrutados, logo destruirão o sistema nervoso.

Pensamentos fortes, puros e felizes desenvolvem o corpo em vigor e graça. O corpo é um instrumento delicado e plástico, que responde aos pensamentos pelos quais é influenciado, e hábitos de pensamento produzirão seus próprios efeitos sobre eles, bons ou maus.

As pessoas continuarão corrompendo e envenenando seu sangue enquanto propagarem pensamentos impuros. Um coração limpo gera uma vida e um corpo limpo. Uma mente contaminada gera uma vida impura e um corpo corrompido. O pensamento é a fonte da ação, da vida e da manifestação; torne a fonte pura, e tudo o mais será puro.

Uma mudança de dieta não ajudará quem mantém os mesmos pensamentos. Quando tornamos nossos pensamentos puros, não desejamos mais alimentos impuros.

Pensamentos limpos resultam em hábitos limpos. Aquele que é considerado santo, mas que não purifica o corpo, não é santo. Aquele que fortaleceu e limpou seus pensamentos não precisa considerar o micróbio malevolente.

Se você deseja proteger seu corpo, defenda sua mente. Se quiser renovar seu corpo, cuide de sua mente. Pensamentos de malícia, inveja, decepção e desânimo roubam a saúde e a graça do corpo. Um rosto amargo não surge por acaso; ele é feito de pensamentos amargos. Rugas que desfiguram a face são traçadas por insensatez, paixão e orgulho.

Conheço uma mulher de 96 anos que tem o rosto alegre e inocente de uma menina. Conheço um homem, bem longe da meia-idade, cujo rosto é sulcado em contornos desarmônicos. Um é resultado de uma disposição doce e ensolarada; o outro, consequência de paixões e inconformismo.

Não é possível ter uma casa agradável e salutar sem deixarmos que o ar e o sol entrem livremente em seus aposentos, e o mesmo acontece conosco. Um corpo forte e uma aparência alegre, feliz ou serena só podem existir se admitirmos em nossa mente pensamentos de alegria, benevolência e serenidade.

Nos rostos dos idosos há rugas feitas pela compaixão, outras por pensamento forte e puro, e outras entalhadas por paixão: quem não consegue distingui-las? Com aqueles que viveram virtuosamente, a idade é calma, pacífica e suavemente amenizada, como o sol poente. Recentemente vi um filósofo em seu leito de morte. Ele não era velho, a não ser pelos anos de idade. Morreu tão doce e pacificamente quanto tinha vivido.

Não há médico melhor do que um pensamento alegre para dissipar os males do corpo; não há consolador que se compare à benevolência para dispersar as sombras da dor e da tristeza. Viver com pensamentos de rancor, cinismo, desconfiança e inveja é se confinar numa cela autoconstruída. Mas pensar sempre o bem, ser alegre com todos, aprender pacientemente a encontrar o bom em tudo — esses pensamentos altruístas são os verdadeiros portais do céu; e quem alimentar cotidianamente a paz em relação a todas as criaturas atrairá abundante calmaria.

PENSAMENTO E PROPÓSITO

Se o pensamento não estiver associado a um propósito, não haverá nenhuma realização inteligente. A maioria das pessoas permite que a barca do pensamento navegue "à deriva" no oceano da vida. A falta de rumo é um vício, e essa perambulação deve cessar para aquele que deseja ficar longe da catástrofe e da destruição.

Quem não tem um objetivo central na vida torna-se facilmente presa de preocupações, temores, dificuldades e autopiedades mesquinhas, sinais de fraqueza que levam, tão certo quanto pecados deliberadamente planejados (embora por uma rota diferente), a fracasso, infelicidade e perda. A fraqueza não pode persistir num universo cada vez mais poderoso.

Devemos conceber um propósito legítimo em nosso coração e tratar de realizá-lo. Devemos fazer desse propósito o ponto centralizador de nossos pensamentos. Esse propósito pode assumir a forma de um ideal espiritual, ou pode ser um objeto terreno, segundo nossa natureza e nosso momento; mas seja qual for esse propósito, devemos focar obstinadamente nossas forças de pensamento sobre o objetivo que colocamos diante de nós. Precisamos fazer desse propósito nosso dever supremo e nos devotarmos à sua realização, proibindo que os pensamentos divaguem em fantasias, anseios e imaginações efêmeros. Essa é a estrada régia para o autocontrole e a verdadeira concentração do pensamento. Mesmo que fracassemos reiteradamente em realizar nosso propósito (como decerto acontecerá até que nossa fraqueza seja superada), a *força de caráter* adquirida será a medida de nosso *verdadeiro sucesso*, e isso formará um novo ponto de partida para o poder e o triunfo futuros.

Aqueles que não estão preparados para a compreensão de um *grande* propósito devem fixar seus pensamentos no desempenho impecável de seu dever, por mais insignificante que a tarefa pareça. Somente dessa maneira podemos concentrar e focar nossos pensamentos e desenvolver atitudes enérgicas e resolutivas. Feito isto, não há nada que não possa ser realizado.

A alma mais fraca, conhecendo a própria fraqueza, e acreditando na verdade de que *a força só pode ser desenvolvida por esforço e prática*, imediatamente começará a se exercitar, e, adicionando esforço a esforço, paciência a paciência, força a força, nunca cessará de se desenvolver até tornar-se, por fim, divinamente forte.

AQUELE QUE DOMINOU A DÚVIDA E O MEDO DOMINOU O FRACASSO. CADA UM DE SEUS PENSAMENTOS ESTÁ ALIADO AO PODER, E TODAS AS DIFICULDADES SÃO ENFRENTADAS COM CORAGEM E SUPERADAS COM SABEDORIA.

Assim como uma pessoa fisicamente fraca pode se tornar forte se treinar com paciência e dedicação, a pessoa de pensamentos fracos pode fortalecê-los exercitando o pensamento correto.

Afastar a falta de propósito e a fraqueza e começar a pensar com objetivo é entrar nas fileiras dos fortes que só reconhecem o fracasso como um dos caminhos para a realização; que fazem todas as condições lhes servirem e que pensam com vigor, que tentam sem medo e realizam com mestria.

Tendo concebido seu propósito, deveríamos demarcar mentalmente um caminho reto para sua realização, sem olhar para a direita nem para a esquerda. Dúvidas e temores deveriam ser rigorosamente excluídos: trata-se de elementos desintegradores, que rompem a linha reta do esforço, tornando-a torta, ineficaz, inútil. Pensamentos de dúvida e medo são incapazes de realizar o que quer que seja. Levam sempre ao fracasso. Propósito, energia, capacidade de realização e todos os pensamentos fortes cessam quando a dúvida e o medo se insinuam.

A vontade de fazer brota do conhecimento de que *podemos* fazer. Dúvida e medo são os grandes inimigos do conhecimento, e aquele que os encoraja, que não os mata, há de se frustrar a cada passo.

Aquele que dominou a dúvida e o medo dominou o fracasso. Cada um de seus pensamentos está aliado ao poder, e todas as dificuldades são enfrentadas com coragem e superadas com sabedoria. Seus propósitos são semeados de forma oportuna e produzem frutos que não caem prematuramente no chão.

Pensamento aliado de forma destemida a propósito resulta em força criativa; quem *sabe* disto está pronto para se tornar maior e mais forte do que um mero feixe de pensamentos indecisos e sensações flutuantes; quem *faz* isso torna-se o detentor consciente e inteligente de seus poderes mentais.

O FATOR PENSAMENTO NA REALIZAÇÃO

Toda realização e todo fracasso de uma pessoa são resultados diretos dos pensamentos dela. Num universo justamente ordenado, em que a perda de equilíbrio significaria total destruição, a responsabilidade individual deve ser absoluta. A fraqueza e a força de uma pessoa, sua pureza e impureza, pertencem somente a ela; são características produzidas pelo próprio indivíduo, e só podem ser alteradas por ele mesmo, não por outro. Sua condição também pertence somente a ele, sempre. Seu sofrimento e sua felicidade se desenvolveram de dentro para fora. Como pensamos, assim somos; como continuamos pensando, assim permanecemos.

O forte não pode ajudar o mais fraco, a menos que o mais fraco *queira*, pelos próprios esforços, desenvolver a força que admira no outro. Ninguém além dele mesmo pode alterar sua condição.

Antigamente, costumava-se pensar e dizer: "As pessoas escravizadas existem porque há um opressor; odiemos o opressor." Hoje, no entanto, há em meio a um crescente grupo minoritário uma tendência a inverter esse julgamento e dizer: "O opressor existe porque há muitas pessoas escravizadas; desprezemos os escravizados."

A verdade é que opressor e escravizado colaboram mutuamente na ignorância, e, embora pareçam afligir um ao outro, estão na realidade afligindo a si mesmos. Um Conhecimento perfeito percebe a ação da lei na fraqueza do oprimido e o poder mal aplicado do opressor; um Amor perfeito, vendo o sofrimento que ambos os estados acarretam, não condena nenhum dos dois; uma perfeita Compaixão acolhe tanto o opressor quanto o oprimido.

Aquele que dominou a fraqueza e repudiou todos os pensamentos egoístas não pertence nem ao opressor nem ao oprimido. Ele é livre.

Só podemos ascender, conquistar e realizar se elevarmos nossos pensamentos. Só permaneceremos fracos, abjetos e miseráveis se nos recusarmos a fazer isso.

Antes de realizar o que quer que seja, até a coisa mais mundana, toda pessoa deve elevar seus pensamentos acima da indulgência animal que escraviza. De forma alguma devemos abrir mão de toda animalidade e egoísmo para ter sucesso; mas ao menos uma porção dela deve ser, sim, sacrificada. Uma pessoa cujo primeiro pensamento é uma indulgência bestial não é capaz de pensar claramente nem de planejar metodicamente; ou seja, não poderia encontrar e desenvolver seus recursos latentes e fracassaria em qualquer empreendimento. Quem não começou a controlar corajosamente seus pensamentos não está em condições de controlar negócios e assumir responsabilidades sérias. Não está apto para agir com independência e ser autossuficiente. Mas a limitação é imposta somente pelos próprios pensamentos, que são passíveis de escolha.

Não pode haver nenhum progresso ou realização sem sacrifício, e o sucesso de uma pessoa se apresenta na medida em que ela sacrifica seus pensamentos animais confusos e fixa a mente no desenvolvimento de seus planos e no fortalecimento de sua resolução e autoconfiança. E quanto mais elevar os pensamentos, quanto mais digna, íntegra e correta se tornar, maior será seu sucesso, mais abençoadas e duradouras serão suas realizações.

O universo não favorece o ganancioso, o desonesto, o vicioso, embora na mera superfície às vezes pareça fazê-lo; ele ajuda, sim, o honesto, o magnânimo, o virtuoso. Todos os Grandes Mestres de todas as épocas fizeram essa declaração de diferentes formas, e, para provar e conhecer isso, nos basta apenas persistir e nos tornar cada vez mais virtuosos, elevando nossos pensamentos.

Realizações intelectuais resultam de pensamentos devotados à busca de conhecimento, ou do que é belo e verdadeiro na vida e na natureza. Essas realizações podem estar às vezes associadas com vaidade e ambição, mas não são o resultado dessas características; são, sim, o fruto natural de longo e árduo esforço, bem como de pensamentos puros e abnegados.

É POSSÍVEL QUE A PESSOA ALCANCE GRANDE SUCESSO NO MUNDO, E ATÉ ELEVADAS POSIÇÕES NO REINO ESPIRITUAL, E NOVAMENTE DECAIA EM FRAQUEZA E MISÉRIA, CASO PERMITA QUE PENSAMENTOS ARROGANTES, EGOÍSTAS E CORRUPTOS SE APOSSEM DE SUA MENTE.

As realizações espirituais são a consumação das aspirações sagradas. Aquele que vive constantemente concebendo pensamentos nobres e elevados, que se detém em tudo que é puro e abnegado, se tornará, tão certamente quanto o sol atinge seu zênite e a lua chega à sua plenitude, sábio e nobre em caráter e ascenderá a uma posição de influência e bem-aventurança.

Realização, de qualquer tipo, é a coroa do esforço, o diadema do pensamento. Valendo-nos do autocontrole, da resolução, da pureza, da retidão e do pensamento bem orientado, somos elevados; valendo-nos da animalidade, da indolência, da impureza, da corrupção e de pensamentos confusos, declinamos.

É possível que a pessoa alcance grande sucesso no mundo, e até elevadas posições no reino espiritual, e novamente decaia em fraqueza e miséria, caso permita que pensamentos arrogantes, egoístas e corruptos se apossem de sua mente.

As vitórias alcançadas pelo pensamento correto só podem ser mantidas se permanecermos vigilantes. Muitos cedem quando o sucesso é alcançado, e rapidamente caem de volta no fracasso.

Todas as realizações, seja nos negócios, seja no mundo intelectual ou espiritual, são o resultado de pensamento seguramente orientado, são governadas pela mesma lei e são do mesmo método; a única diferença reside no *objeto de realização*.

Aquele que realiza pouco deve sacrificar pouco; aquele que realiza muito deve sacrificar muito; aquele que atinge uma altura elevada deve sacrificar enormemente.

VISÕES E IDEAIS

Os sonhadores são os salvadores do mundo. Assim como o mundo visível é sustentado pelo invisível, as pessoas, em suas provações, pecados e vocações sórdidas, são alimentadas pelas belas visões dos sonhadores solitários em seu meio. A humanidade não pode esquecer seus sonhadores; não pode deixar seus ideais desvanecerem e morrerem; posto que ela vive neles; ela os conhece como as *realidades* que irá um dia ver e conhecer.

Compositores, escultores, pintores, poetas, profetas, sábios, esses são os construtores do Além, os arquitetos do céu. O mundo é belo porque eles viveram; sem eles, a humanidade devotada ao trabalho pereceria.

Quem aprecia uma bela visão, um ideal elevado em seu coração, um dia irá realizá-la. Colombo acalentava a visão de um mundo diferente, e o descobriu; Copérnico impulsionou a visão de uma multiplicidade de mundos e de um

TENHA SONHOS ELEVADOS, E TAL E QUAL SONHA, ASSIM VOCÊ SE TORNARÁ.

universo mais amplo, e o revelou; Buda contemplou a visão de um mundo espiritual de imaculada beleza e perfeita paz, e ingressou nele.

Acalente sua visão; acalente seus ideais; acalente a música que vibra em seu coração, a beleza que se forma em sua mente, o encanto que envolve seus pensamentos mais puros, pois deles se desenvolverão todas as condições agradáveis, todos os ambientes celestiais; com eles, e contanto que você permaneça fiel a eles, seu mundo será finalmente construído.

Desejar é conquistar; aspirar é realizar. Devem os desejos mais vis do homem receberem a medida mais completa de gratificação, e suas aspirações mais puras se exaurirem por falta de alimento? Essa não é a Lei: tal estado de coisas nunca poderá se impor: "Pedi e recebereis."

Tenha sonhos elevados, e tal e qual sonha, assim você se tornará. Sua Visão é a promessa do que você deverá ser um dia; seu ideal é a profecia do que finalmente descobrirá.

A maior realização surgiu como um sonho, e assim permaneceu por algum tempo. O carvalho dorme na semente; a ave aguarda no ovo; e na mais elevada visão da alma um anjo desperto se agita. Os sonhos são as sementes de realidades.

Suas circunstâncias podem ser desagradáveis, mas elas não continuarão assim por muito tempo se você conceber um Ideal e se esforçar para alcançá-lo. Não se permita viajar por *dentro* e permanecer imóvel por *fora*. Consideremos o caso de um jovem afligido pela pobreza e pelo trabalho; confinado durante longas horas numa oficina insalubre; sem instrução e desprovido de todas as artes do refinamento. Mas ele sonha com coisas melhores; pensa sobre a inteligência, o refinamento, a graça e a beleza. Ele imagina, e cria mentalmente, uma condição de vida ideal; a visão de uma liberdade mais ampla e um âmbito maior se descortinam para ele; a inquietação o incita à ação, e ele usa todo seu tempo e meios disponíveis, por menores que sejam, para o desenvolvimento de seus poderes e recursos latentes. Muito depressa sua mente se transformou de tal maneira que a oficina não pôde mais contê-lo. Ela se tornou tão incompatível com sua mentalidade que deixa sua vida como uma peça de roupa é descartada, e, com o crescimento das oportunidades, que se adaptam ao escopo de suas capacidades em expansão, o jovem a abandona inteiramente. Anos mais tarde, vemos esse jovem como um homem maduro. Nós o encontramos de posse de certas forças da mente que ele maneja com influência mundial e poder quase inigualável. Em suas mãos, segura as rédeas de responsabilidades gigantescas; quando ele se pronuncia, vidas são transformadas; homens e mulheres confiam em suas palavras e remodelam seus caracteres, e, como o sol, ele se torna o centro fixo e luminoso em torno do qual inúmeros destinos orbitam. Esse homem realizou a Visão de sua juventude. Tornou-se um só com seu Ideal.

E você também, jovem leitor e leitora, realizará a Visão (não o desejo fútil) de seu coração, seja ele vil ou belo, ou uma mistura de ambos, pois você sempre gravitará rumo ao que mais ama em seu íntimo. Em suas mãos cairão os resultados exatos de seus pensamentos; você receberá aquilo que merece; nem mais, nem menos. Seja qual for seu ambiente atual, você cairá, permanecerá ou se elevará de acordo com seus pensamentos, sua Visão, seu Ideal. Você se tornará tão pequeno quanto seu desejo controlador; tão grande quanto sua aspiração. Nas belas palavras de Staton Kirkham Davis: "Você pode estar fazendo cálculos, e em breve sairá pela porta que por tanto tempo pareceu ser a barreira de seus ideais, e se verá diante de uma plateia — a caneta ainda atrás da sua orelha, manchas de tinta em seus dedos —, então nesse momento jorrará a torrente de sua inspiração. Você pode estar conduzindo ovelhas, e seguirá para a cidade, bucólico e boquiaberto; vagará sob a orientação intrépida do espírito para o estúdio do mestre, e após algum tempo ele dirá: 'Eu não tenho mais nada para lhe ensinar.' E você terá se tornado o mestre, que havia tão pouco tempo sonhara com grandes coisas enquanto pastoreava as ovelhas. Você pousará a serra e a plaina para tomar para si o ofício de reconstruir o mundo."

O inconsequente, o ignorante e o indolente, vendo somente os efeitos aparentes das coisas e não elas em si, falam de sorte, de ventura e acaso. Diante de alguém que enriquece, dizem: "Que sorte ele tem!" Observando outro tornar-se

EM TODOS OS EMPREENDIMENTOS HUMANOS HÁ *ESFORÇOS* E HÁ *RESULTADOS*, E A INTENSIDADE DO ESFORÇO É A MEDIDA DO RESULTADO. NÃO SE TRATA DE SORTE. DONS, PODERES, BENS MATERIAIS, INTELECTUAIS E ESPIRITUAIS SÃO FRUTOS DE ESFORÇO; SÃO PENSAMENTOS CONCLUÍDOS, OBJETIVOS ALCANÇADOS, VISÕES REALIZADAS.

---

intelectual, exclamam: "Quão extremamente privilegiado ele é!" E, notando o caráter santo e a ampla influência de um outro, comentam: "Como o acaso sempre o favorece!" Essas pessoas não veem as tentativas, os fracassos e os esforços que o outro voluntariamente empreendeu no intuito de adquirir sua experiência; não têm a menor noção dos sacrifícios feitos, dos esforços destemidos que ele empenhou, ou da fé que exercitou para que pudesse superar o aparentemente insuperável e realizar a Visão de seu coração. Eles não conhecem a escuridão e os sofrimentos; só veem luz e alegria, e chamam isso de "sorte". Não contemplam a longa e árdua jornada, mas somente a meta agradável e a chamam de "ventura". Não compreendem o processo e percebem apenas o resultado, chamando-o de oportunidade.

Em todos os empreendimentos humanos há *esforços* e há *resultados*, e a intensidade do esforço é a medida do resultado. Não se trata de sorte. Dons, poderes, bens materiais, intelectuais e espirituais são frutos de esforço; são pensamentos concluídos, objetivos alcançados, visões realizadas.

A Visão que você glorifica em sua mente, o Ideal que você internaliza em seu coração — é com eles que você construirá sua vida, são eles que você se tornará.

SERENIDADE

A tranquilidade da mente é uma das belas joias da sabedoria. Resulta de um longo e paciente esforço de autocontrole. Sua presença é um indicador de experiência amadurecida e de um conhecimento mais do que ordinário das leis e operações do pensamento.

Uma pessoa se torna tranquila quando compreende a si mesma como um ser de pensamento evoluído, pois esse conhecimento requer a compreensão dos outros através da reflexão; e à medida que ela desenvolve uma compreensão correta, e vê com cada vez mais nitidez as relações internas das coisas pela ação de causa e efeito, deixa de se exasperar, de se enfurecer, de se preocupar e de se afligir. Ela permanecerá equilibrada, firme, serena.

A pessoa calma, tendo aprendido o autocontrole, sabe se adaptar aos outros; e estes, por sua vez, respeitam sua força espiritual e sentem que podem aprender e contar com ela.

Quanto mais tranquila uma pessoa se torna, maior é seu sucesso, sua influência, seu poder para o bem. Até o simples comerciante verá a prosperidade de seu negócio aumentar à medida que desenvolve maior autocontrole e equanimidade, pois as pessoas sempre vão preferir lidar com alguém que se comporta de maneira fortemente equânime.

Quem é calmo e forte é sempre amado e respeitado. Essa pessoa é como uma árvore que dá sombra numa terra árida, ou uma rocha protetora numa tempestade. "Quem não ama um coração tranquilo, uma vida serena, equilibrada?" Não importa se chove ou faz sol, e que mudanças ocorrem com aqueles que possuem essas bênçãos, pois são sempre gentis, serenos e calmos. Esse notável equilíbrio de caráter que chamamos de serenidade é a derradeira lição da cultura, o fruto da alma. Ele é precioso como sabedoria, mais desejável que ouro — sim, mais até que o mais puro ouro. Como a mera busca de dinheiro soa insignificante em comparação com uma vida serena — vida esta que habita no oceano da Verdade, abaixo das ondas, além do alcance das tempestades, na Eterna Calma!

Quantas pessoas conhecemos que azedam as próprias vidas, que arruínam tudo que é doce e belo com temperamentos explosivos, que destroem seu equilíbrio de caráter, que fazem intrigas! É de se perguntar se a maioria das pessoas não arruína a vida e estraga a própria felicidade por falta de autocontrole. Quão poucas pessoas encontramos na vida que são bem equilibradas, que têm aquele equilíbrio notável inerente ao caráter aprimorado!

AUTOCONTROLE É FORÇA; PENSAMENTO CORRETO É DOMÍNIO; CALMA É PODER.

Sim, a humanidade se agita com paixão descontrolada, tumultua-se com sofrimento desgovernado, é sacudida por ansiedade e dúvida. Somente os sábios, somente aqueles cujos pensamentos são controlados e purificados, fazem os ventos e as tempestades da alma lhes obedecer.

Almas arremessadas pela tempestade, onde quer que vocês estejam, sejam quais forem as condições em que vivem, saibam disto no oceano da vida: as ilhas da Bem-aventurança estão sorrindo, e a margem ensolarada de seu ideal aguarda a sua chegada. Mantenham as mãos firmes sobre o leme do pensamento. Na barca de sua alma recosta-se o Mestre comandante; Ele está apenas adormecido: acorde-O. Autocontrole é força; Pensamento Correto é domínio; Calma é poder. Diga ao seu coração: "Permaneça em paz."

Direção Editorial
Daniele Cajueiro

Editora Responsável
Ana Carla Sousa

Produção Editorial
Adriana Torres
Júlia Ribeiro
Juliana Borel

Preparação de Texto
Marina Góes

Revisão
Allex Machado
Mariana Oliveira

Projeto Gráfico
Jonatas Belan

Diagramação
DTPhoenix Editorial

Este livro foi impresso em 2023, pela RJoffset,
para a Agir.